うつ病、
就活200社落ち。
なので、ぼくは
起業しました。

北原 竜也
Tatsuya Kitahara

文芸社

ぼくは大学時代、うつ病になりました。

新卒の就活では２００社以上の企業に落ちたあと、やっと１つ内定を獲得しました。

しかし、ぼくはその内定を辞退して起業しようと決めました。

そうしたら、ゆるやかで自由に生きる心を見つけました。

はじめに

あなたは働くことに夢や希望、目標などが持てていますか？

毎日の生活は充実していますか？


ぼくは大学を卒業するまで、将来に夢も希望も、目標も、何もありませんでした。そのせいもあってか、新卒の就活では、２００社以上の企業に落ちてしまいました。

幸い就活は楽しめたので、２００社落ちて苦しいと思ったことも、つらいと思ったこともありませんでした。ですが、その反面、その後獲得した内定にも特別な喜びも感動もありませんでした。

その時にあったのは、「結局、自分は何がしたかったのだろう」という疑問でした。


それからも、ぼくの中の働くことに関しての疑問は大きくなっていきました。卒業を間近にして、「自分のやりたいことを仕事にしよう」と内定を辞退してしまいました。

この時にも、特別やりたいことがあったわけでもありません。

自信もコネも、経験も知識も、必要そうなものは何もありませんでした。

それでも、このまま働き始めてはいけないような気がして、見切り発車で起業を決めました。

その決断の背景には、大学在学中に、うつ病を患っていたこと、そして新卒就活で２００社落ちながら見てきた状況や光景、考えてきたことなどがありました。

あれから、３年半近くの年月が過ぎ、ぼくは現在、キャリアコンサルティングや心理カウンセリングを中心に、フリーランスとして、キャリアデザインや心に関わる仕事をしています。

これまでの３年半の活動は様々な方の力を借りながらも一人で続けてきました。

途中で投げ出そうと思ったことも、やめようと思ったことも多々あります。それでもやめずに続けてきたから、こうして、あなたにこの本を届けることができました。

この本では、ぼくのうつ病体験、就活２００社落ちの経験、そして、内定辞退から起業し、現在に至るまでの経験を通して、どんなことに悩み、何をどのように考え、乗り越え、解決してきたかを書いていきます。

「うつ病」や「就活２００社落ち」、「起業」というと、少し特殊な状態のように感じられるかもしれませんが、きっと多くの人が経験し、悩み、考えていることと変わらないことだと思っています。

そんな、これまでのぼくの経験が、この本を通して、あなたの心を少しでも軽くし、あなたの悩みを解決する手助けになれば幸いです。

２０１４年8月　北原竜也

うつ病、就活200社落ち。なので、ぼくは起業しました。

目次

第4章　不安の乗り越え方

第5章　働き方を考える

第6章　起業後のこと

第1章　起業選択

この章では、ぼくがうつ病と就活200社落ちの経験を通して、どんなことを考え、どうして起業したのか。まずはその大まかな流れをお話ししたいと思います。うつ病の時の話、就活200社落ちの話は、あとの章でゆっくりお話しします。

何もないまま起業しました

あなたは「起業をする人」と聞いて、どのようなイメージを持つでしょうか。

・夢や目標がある人
・特別なスキルがある人
・チャレンジ精神が旺盛な人

ぼくは、大学卒業後、内定を辞退して就職をせずに起業する道を選択しました。
ですが、ぼくは起業を目指した当初、このような要素はまったくありませんでした。

何もなかったにもかかわらず、なぜ起業をしようと思ったのか。その理由はいくつかあったのですが、大きく分けると「働き方や就活の方法に疑問があったこと」、「安定から抜け出せなくなることへの恐怖心があったこと」の2つでした。

また、ぼくに起業という選択をさせたのは、大学時代に経験した2つの出来事が影響しています。

大学2、3年時にかけて8カ月間、ぼくは〝うつ病〟を患い、通院していました。

こんな**一見するとマイナスの出来事が、何もなかった自分を少し変えていったのです。**

無気力と、うつ病と、「死ぬ価値のある生き方」

ほんの数年前までのぼくは、決して自分から何かをしようとするタイプではありませんでした。

とにかく目立つことも、特別な努力をすることも嫌で、それなりの成果を、そこそこの努力でこなせるように意識して、なんとなく生きていました。特別に良い成果ではないから目立たない、悪くもないから文句も言われない。こんな注目されない自分の状態が楽で、その位置を維持できるように意識していました。

こんな状態を楽だと感じていた期間は、物心がついたころから20歳くらいまででした。このころは一日一日を過ごすというよりも、こなしているという感覚が強かったような気がします。

なんとなく、「このままではいけないのだろうな」とは思いつつも、無気力・無関心かつ文句を言われないように物事を無難にこなすようにしていました。

幸か不幸か、そんな自分を変えたのが、うつ病になってしまったことでした。

変えたというよりも、変えざるを得なくなったと言ったほうが正しいのですが、うつ病になってからは、なんとなくこなせていたことが、なんとなくではこなせなくなりました。

それまでと同じようにこなそうと思ったら、努力しなければならなくなってしまいました。

さらに悪かったのが、努力して今までと同じレベルでこなしたつもりでも、それまでよりも低いレベルでしかできなくなっていたことです。

あの時は、そんな状態の自分自身が周囲にばれないように、悟られないように、神経をとがらせながら過ごしていました。

ぼくが、うつ病になったのは、大学2年も終わりに近づいたころのことです。うつ病になってからは、普通に一日を過ごすことすら苦しくて、何度も死を考えました。とにかく楽になりたくて、楽になるための選択肢として常に死が頭をよぎっているような状態でした。

うつ病になってからは、道を歩いている時や駅のホームで電車を待っている時など、「ここで飛び出してしまえば楽になれる」と思ったことも一度や二度ではありません。

少し気を緩めてしまうと本当に実行してしまいそうで、そんな気持ちを抑えることにも必死でした。

この時、死を選ばずに踏みとどまれていたのは、うつ病を自覚し始めたころに「自分には死ぬ価値もない」と気がついてしまったからでした。

ぼくは、このうつ病の時期を「自分は死ぬ価値もない人間だから、死ぬべきではない」と自分に言い聞かせながら過ごしていました（このエピソードはあとの章で詳しく書いていこうと思います）。

現在では、うつ病も回復しましたが、あの時から**「自分にとって死ぬ価値のある人生とはなんなのか」という問いには、自問自答し続けています。**

今でもまだ答えは見つかっていません。だからこそ、現在でも「自分にとって死ぬ価値のある人生とはなんなのか」ということは行動の選択基準の大切な一部になっています。

起業という道を選択した時も頭の片隅には、このような「死ぬ価値のある生き方とは」という自分への問いかけがありました。

うつ病の時には、苦しい毎日を送ることになりましたが、同時に、うつ病は無気力・無関心で、事なかれ主義だったぼくを変えた大きなターニングポイントにもなったのです。

就活では見つからなかったもの

そして、苦しかったうつ病の日々から抜け出して約半年が経ったころから、就活が始まりました。

ぼくが就活をしていた年は、リーマンショックの翌年の２０１１年卒の就活でした。

この年の就活はリーマンショックの影響による世界的な不況の影響もあり、採用数などが大幅に減った年です。メディアなどから流れる就活に関するニュースも、就活が始まる前から暗いものばかりでしたが、個人的には就活に対しては大きな不安はありませんでした。かといって内定をとれる自信があったわけでもありません。

皮肉なもので、半年前まで、うつ病を患っていたおかげで、就活への心配事も不安も、ものすごく小さなことのように感じられたのです。そのおかげで就活はとてもリラックスして臨むことができました。

その結果、２００社以上落ちてしまったのは、前にも少し書いているとおりですが、リラックスして臨めたことで、働くことや就活にたくさんの疑問を持つことができました。

ぼくは内定に対する強い思いや執着心がありませんでした。もちろん、就活をする以上、内定は１つの目標でしたが、それ以上でも、それ以下でもありませんでした。そんなぼくにとって就活の一番の目的は「自分のやりたいことを見つける」ことでした。

それから、２００社以上の企業に落ちたあとに内定は獲得しましたが、その時に「自分のやりたいこと」は見つかっていませんでした。

内定をもらった時は、多少の嬉しさはありました。ですが、それよりも「自分のやりたいこと」は見つからないままの状態であるのが心残りでした。

このように内定をもらってからしばらくの間は、卒業後は就職をして社会人として働くことが普通だと思っていましたし、そのまま就職をするつもりでもいました。しかし、だんだんと「このままでいいのだろうか」という気持ちが強くなっていきました。

200社以上も落ちていれば、嫌でも働くことや自分の働き方を考えます。

いろいろな企業を回れば、いろいろな人にも出会います。自分と同じように就活をしている就活生や、対応してくれる企業の人事担当者、面接官、日ごろ見かける働く人などが、今まで以上に目に留まります。こうして出会う人たち、見かける人たちからも、内定のためのヒントや、「自分のやりたいこと」を見つけるヒントを得ようと話を聞いたり、観察をしたりしていました。

このように、**内定に向けての試行錯誤をしていると、「働くとは、なんなのか」という疑問も生まれ、それもだんだんと大きくなっていきました。**ですが、この「働くとは、なんなのか」という疑問も「自分のやりたいこと」と同様に、就活を通して見つかることはありませんでした。

内定辞退か、就職か

「向いている仕事」も「やりたい仕事」も見つからないまま、そして、「就活から生まれた疑問」を残したままの状態で、ぼくは内定までたどり着きました。無事に内定はもらえたものの、内定をもらってからは、自分の将来がどのようになるのか、漠然とモヤモヤとした気持ちで過ごしていました。

このように過ごしていると、あらゆる場所で見かける〝働く人〟により意識がいくようになりました。意識して観察していると、いろいろな〝働く人〟が目につきます。活き活きと働く人、くたびれた様子で働く人、良いお手本も、悪いお手本も、いろいろな人に気がつきます。

いろいろな〝働く人〟を観察していると、ますます社会人になった自分に良いイメージは持てなくなりました。「毎朝、憂うつな気分で出勤し、日々の仕事を消化するように働いて、ぐったりと帰宅する姿」しかイメージできませんでした。

働き始めてしまうと、毎日を流されるように生き、可もなく不可もないまま人生を終えるような気がしました。

そう思った時から〝就職しない〟という選択が頭をよぎるようになりました。仮に社会人になってから、夢や目標を見つけたとしても、社会人になったぼくがそれを目指すことはありません。そんな確信がありました。

社会人というルートに入ったぼくには、そのルートから離れる勇気はないでしょう。そして社会人になり、数カ月、数年後と時間が経つにつれ、就活に疑問を感じていたことも忘れ、自分の夢や目標も考えることもなくなり、一日一日を消化するように仕事に追われるような確信がありました。そんな自分自身の姿がリアルに想像できました。

「そうなるのは嫌だな」とは思い、内定辞退という選択が頭によぎりながらも、すぐに結論を出すことはできませんでした。

内定を辞退してからのあてもありません。やりたいことがあるわけでもありません。自分自身で何かができる経験も実績も自信も何もありません。とにかく、内定を辞退して「自分で何かをする」と決意するには、ぼくはあまりにも足りないことばかりでした。

こうして、「内定辞退」と「就職」の行ったり来たりを繰り返しながら時間が過ぎていきます。

持つ強さと持たない強さ

それから、しばらくの間は「何も持っていない自分には、就職するのが最良の選択なんだ」と自分に言い聞かせながら、残りの大学生活を送っていました。ただこの時、少し変わっていたこともありました。それは、資格の勉強を始めていたことです。それが将来の役に立つかはわかりませんでしたが、何もせずにモヤモヤと過ごすのが嫌だったので、とりあえず資格の勉強をすることにしたのです。

何もしないのが嫌という理由で、なんとなく始めた資格の勉強でしたが、勉強を始めてみると、それがとてもおもしろく、勉強というよりも趣味のようになっていきました。自分が思っていた以上に資格の勉強は楽しかったのです。このように楽しんで勉強をしているうちに、「資格の勉強に限らず自分は学ぶことが好きだ」ということに気がつきました。

ぼくは、ずっと自分は勉強が嫌いだと思っていました。小学生のころから大学時代まで、授業以外の勉強は怒られないように最低限の提出物をやる程度でテスト勉強すらまともにしたことがありませんでした。めんどくさかったのと、する必要性を感じていなかったからです。しかし、過去を振り返ってみると小学生のころから授業時間で新しいことを知るのは好きで、興味を持って授業は聞いていたような気はします。

それが幸いしてか、授業をきちんと聞いていれば、平均点より少し上くらいの点数はとれていました。なので勉強しないことを注意されることも少なかったので、余計に勉強をすることなく小学校から大学までの16年を過ごしてしまったのだと思います。

これと、もう一つあった勉強をしなかった理由が、ムダに高い点数をとってしまい、期待されることや、自分のハードルを上げるのをめんどくさく思っていたからです。悪くて注意されることも、良くて注目されることもない成績がとれているのに、必要以上に努力をして良い成績を出し、次を期待される可能性があることは、当時のぼくにとっては百害あって一利なしでした。

そんなぼくも、自主的に資格の勉強を始めて学ぶ楽しさに気がついてからは、もっと勉強をしたいという気持ちが強くなり、勉強を楽しんでいるうちに**「ないない尽くしで、何も持っていないことは強みかもしれない」**と思うようにもなっていきました。

就職して社会人になれば、収入や生活はある意味では安定はするでしょう。それと同時にぼくはその安定に縛られてしまう気がしました。当時のぼくには一度手にした安定を手放せるような勇気はありません。自信を持ってそう言えます。

その変な自信があったからこそ、自分の将来が「残念な社会人」になる姿にリアリティを感じたのでしょう。サラリーマンという安定を手放すのが怖いから、不満があっても我慢して、次の休みを待ちながら毎日の仕事をこなすのです。こんな姿が、この時期のぼくが就職をした時の延長線上にありました。

だから、「今の何もない自分はある意味では強みなんだ」、「年齢的にもバイトでもなんでもすれば、生活はできる」そう自分に言い聞かせ、ぼくは内定を辞退することを決断しました。

何か特別なものを持っていることは、もちろん強みになります。しかし、何も持っていないことも場合によっては強みなのだと思います。

もしかしたら、あの時の決断は社会人になる不安からの現実逃避だったのかもしれません。それでも、ぼくはあの時の自分が出した「内定辞退」という決断に今でも感謝しています。

苦労して得た内定を手放すことも、人とは違う道を進むことに対しても、大きな不安も躊躇もありました。あの決断が正解だったかも、わかりません。

わからないからこそ、あの時の決断を無駄にしないために、今の自分自身があの決断を正解にしていかなければと思っています

自分の意志で決断した内定辞退ではありますが、内定を辞退してから現在まで、「あの時、就職していたら」と後悔することもあります。今でも少し考えてしまうこともあります。しかし、おそらく就職していたとしても「あの時、辞退していれば」と後悔していたとも思うのです。

大きな選択であれ、小さな選択であれ、何かを選択しなければいけなくなった時、その決断には後悔は付き物なのだと思います。

だとしたら、これからも自分の中の選択は、無難や安全よりも興味・関心のあるほうを選んでいきたいと思っています。どうせ同じように後悔するわけですから……。

あれから約3年半、「何も持っていないこと」を強みとしていたあのころと比べると、良くも悪くも持ち物が増えてしまいました。現在でもあのころと同じように、思い切った一歩が踏み出せるかと聞かれると少し不安ではあります。

どうせ後悔するのだから無難・安全を選ぶよりも興味・関心を選ぶこと。

この言葉は、これから先の自分自身に向けての備忘録としても、残しておきたいと思います。

うつ病の時に考えていた「死ぬ価値のある生き方」と、就活の時に感じた「働くとは何か」という疑問。この２つのテーマは今のぼくにとっても大切なテーマです。

おそらく就職をしても、このテーマは考え続けることができたと思います。もしかすると、就職をしたほうが、自分が求めていた答えに近づけたのかもしれません。

ですが、やはり自分自身の性格を考えると、ぼくは就職をして普通に働き始めると、それ以上は何かに疑問を持つことも、考えることもなく、一生を終えてしまった気もします。それでも良かったのかもしれません。

どちらにせよ、何を選ぶことが本当に良かったかはわかりません。

だからこそ、**後悔があっても、過去の自分の選択の良し悪しがわからなくても、現在の自分にできることは、今までの自分の選択を尊重して自分の過去の経験を上手に使ってあげることだと思っています。**

起業だって就職だって、そして派遣やバイトだって、「働き方の選択肢の一つでしかない」のだと思います。何が良くて、何が悪いということはないと思います。どれが大変で、どれが楽ということもないと思います。

大切なのは、それぞれの場所で「自分が何を考え、何をして、その先に何を見ているのか」なのではないかと思うのです。

そんな、いくつもある「働き方の選択肢」の中で、ぼくが目指した働き方が起業だったというだけで、その選択をさせたのが、「うつ病で苦しんだ経験」であり、「就活で200社落ちた経験」だというだけなのです。ただそれだけです。

次の章からは、「うつ病」と「就活200社落ち」の経験が、どのようにぼくの考え方に影響を与えていったのかを、もう少し詳しくお話しします。

第2章　うつ病経験

1章では、うつ病と就活200社落ちの経験を通して起業にいたった経緯をお話ししました。この章では、うつ病のエピソードを掘り下げてお話しします。

だから、ぼくは頑張ることをやめました

ぼくは物心がついたころから、劣等感の塊《かたまり》でした。兄弟であったり、友達であったり、いろいろな人や、いろいろなことに対して劣等感を感じていました。

幸か不幸か、多くのことは、それなりにこなせました。俗にいう器用貧乏というやつだったと思います。

器用にできるからこそ、自分より上手くできる人にもすぐに気がつきます。自分がこなせることの限界もなんとなくわかる気がします。

そして、この限界を実感するのが怖かったので、努力をせずに「自分はやればできる」と自分自身に言い訳をしていたような気がします。

努力せず、上を目指さず、できることだけやっていれば、とりあえずは自分の限界を感じることはありません。いくら自分の限界値が低くても、「やればできる」という錯覚を抱いていることができるからです。

はっきりとは覚えてはいませんが、小学校の低学年のころには、このようなことを考えていました。そんな自分が嫌いでしたが、それなりに器用にこなせていたがために、「器用貧乏」がコンプレックスだと言うこともできずに、自分の中に閉じ込めていました。

幼いながらに、そのような悩みは人に言ってはいけないものだと思っていました。そのせいもあってか、小学生のころからぼくは、努力することも、夢を持つこともやめていました。もしかしたら、本当は興味のあることも、夢もあったのかもしれません。ですが、そんな気持ちよりも強く「自分は夢を持つような人間じゃない」と感じていたのだと思います。

努力もせず、夢も持たず、なんとなく流されながら、それなりに平凡に生きていく。小学生のころから、そんな人生の選択をするようになっていました。そうやって自分の「器用貧乏」というコンプレックスを、なかったことにしようとしていたのだと思います。

平凡に徹することで、自分の平凡さを納得させ、平凡さから生まれる劣等感に呑み込まれないようにしていたのだと思います。

怖いもので、小学生のころに作ったこんな自分は、いつの間にか普段の自分自身になり、中学生になるころには、そんなことは気にもならないくらい自然に「努力もせず、夢も持たず、なんとなく流されながら、それなりに平凡な自分」でいられるようになっていました。

そうして、高校生になるころには、そんなコンプレックスがあったことすら忘れていました。

忘れていたとはいえ、常に劣等感は感じていました。

おそらく自分の中に劣等感を作った理由だけを忘れ、完成された劣等感のみが自分の中に標準装備されてしまったのだと思います。

劣等感を標準装備して、「特別、努力せず、夢も持たず、なんとなく流されながら、それなりに生きていく」ことを決めていた人間が、のちに起業しようと思うことに対して、不思議に思うかもしれません。

大きなターニングポイントは、１章でも少しふれた大学時代にうつ病になったことです。うつ病になったことで、それまでに作ってきた自分が壊れてしまったことでした。

原点？

ここまで書いてきたように、ぼくは昔から劣等感の塊で、それを自覚しなくてもいいように、自覚していないと思い込むために、努力をせず、なんとなくできることを、なんとなくできる範囲でこなしてきました。

努力をしなくていいように「目標は持たない」ようにして、なんとなくできることと以外が回ってこないように「目立たず、その他大勢に埋もれる」ことに徹するようにしていました。

ずいぶん長い間、ぼくの中ではこの2つことを予防線にして劣等感に呑まれないように生きてきました。

目標も持たずに努力せず、できることだけをこなしていれば、劣等感を感じる機会は必然と減っていきます。

なぜなら、できることしかやっていませんし、「自分はやればできる」と自分への言い訳も用意できるからです。自分の中に余力がある感じを残すことで、知らず知らずに劣等感につぶされることから自分を守っていたのだと思います。

努力せず、目立たずとは言っても、無駄にマジメで、責任感や我慢強さはありました。自分がすべきことはきちんとこなし、やらなければ周囲に迷惑がかかることは一生懸命にこなしていました。こんな性格も自覚していたので、責任のある立場や、自分が主体で動かないといけない立場などは、全力で回避していました。間違っても自分がそういった対象にならないために、意識して生活していました。

何かを頑張らなければいけなくなった時や、自分が主体で動かなくてはならなくなった時に、思うようにできない自分自身に劣等感を強く感じてしまうことを無意識に恐れていたのかもしれません。

こうした生き方の転機は、大学2年も終わりに近づいたころのことでした。

防衛策と負の連鎖

大学2年の終わりのころ、当時所属していた書道部で部をまとめる立場を担うことになります。いわゆる幹事長や部長と呼ばれるようなポジションです。歴史も長く伝統もある部でした。

もしかしたら、「大学の部活で部長になるくらいで〝うつ病〟になるのか」と疑問に思うかもしれません。ですが、たかだか大学の部活の部長でも、当時のぼくにとっては一大事でした。

20年近く続けてきた、努力せず、目立たずから、抜け出さなくてはいけなくなったような気がしたからです。20年近く避けてきた責任者という立場は、当時のぼくにとっては、恐ろしいほどのストレスでした。

今から思えば気負いすぎだった部分も多かったとは思います。それでも、最も苦手で不慣れなことに取り組むぼくの心の中は、不安や恐怖心、義務感や責任感でゴチャゴチャになっていました。

このように、「責任者としての自分」を引き受けてからは、自分自身の中の真面目さや責任感から常にストレスにさらされていました。

・やると言ったからには、しっかりしないと
・でも、どうしたらいいかわからない
・自分の描く理想像と現実の自分にギャップがありすぎる

「引き受けたからには完璧に」と思いながらも、現実の自分ができることは完璧とは

程遠い状態です。こなさなければならない最低ラインさえ、できていない気がします。そんな自分を自分で責め続けました。

「引き受けたからには完璧に」という責任感から、できない自分自身を責め、心をすり減らしながらも、それに耐え、完璧を目指して粘り強く取り組みます。だからといって、思うようにできるわけではありません。

思うようにできないから、また自分で自分を責めてしまいます。いつしか、この負のサイクルから抜け出せなくなり、気づかないようにしていた劣等感も痛いほど感じるようになりました。

こんな劣等感が生んでいくストレスも、ただ我慢して溜め込み、耐え続けます。

責任感からも義務感からも劣等感からも20年間避けてきました。そのため、ぼくはストレスの逃がし方も、発散の仕方も、わかりませんでした。なので、ストレスを我慢して溜め込み続けることしかできませんでした。こうして劣等感とストレスは、減ることなく増え続け、徐々に限界値まで近づいていきました。

こうして、限界近くまで増えてきたストレスにさらされたぼくの心は、表面張力で保たれている水のように、ギリギリの状態で正常を保っていました。

心の折れる音がしました

そんな状態のぼくに、とどめを刺したのは実家からかかってきた一本の電話でした。その電話の内容は「犬が死んだ」というものでした。この瞬間にそれまでギリギリで保っていた何かが一気に崩れました。うまくは説明できませんが、体の内側で黒くて重い感覚が沈むように広がっていくような感じがしました。あの時の、あの瞬間から、着々とぼくはストレスに侵食されていきました。

そして、この日から、「寝たいのに寝られない」、「食欲がなく、食事自体も憂うつ」などの症状が徐々に強く出始めました。

寝られない、食べられない、相変わらずストレスは感じ続けている。

そんな状態が毎日毎日続きます。こんな日々の状態がだんだん耐えられなくなり、「どうにかして楽になりたい」、「いっそ死んでしまえば楽になるかもしれない」という考えが頭をよぎる日も増えていきました。

〝ぼく〟を演じる

こんな状態が続いたある日の夜中、自分の意志でその場に行ったのか、どのくらいの時間そこにいたのかもよく覚えていないのですが、気がついたらぼくは車道の脇にぼんやりと立ち、目の前を通り過ぎていく車を眺めていました。

目の前を走る車を見ながら、「飛び出したら楽になれるのかな」と考えていました。それから、どのくらいの時間が経ってからでしょうか。意を決して飛び出して楽になってしまおうと決心しました。

ですが、その瞬間に急に現実に引き戻されるように感じ、我に返りました。この時、走馬灯のようなものだったのかなんなのか、このまま自分が飛び出し、車にひかれた後の光景がいくつもの映像で頭の中に流れ込んできた気がしました。この時に頭の中に流れてきた映像の中では、ぼくが車にひかれて死ねたとしても、ケガで済んでしまったとしても、ただ周囲の人に迷惑をかけてしまうだけでした。

そして、そのままぼくが死んでしまっても、一切何も残らない、「ぼくの死から何か残るとすれば、周囲の人へ与える迷惑と嫌な気持ちや感情だけだ」ということに気づきました。

この時の頭に浮かんできた映像にはとてもインパクトがありました。

そして、この時、自分には「死ぬ価値すらないこと」に気づかされました。

ショックだったというか、虚しくなったというか、うまくは言えませんがどうしようもない気持ちになり、「楽になること≠死ぬこと」をあきらめこの日は家へ帰りました。

この時の家までの帰り道で「感情はなくし、道具のように自分の役割をこなすこと」、そして「人前では周囲の人が思うぼく自身を作り続けること」をしながら生きていくことを心に決めました。

どうせ死のうと思ったのだから、自分を死んだものとして扱い、「自分自身を役割をこなす道具」として使っていこうと決めました。それが、「死ぬ価値すらない自分にできる唯一価値のあること」であり、「楽になりたい」と思う自分の心を殺す唯一の方法だと思ったからです。

それからは精神的につらくなるたびに「自分は感情のない道具なのだから、ストレスもつらさも関係ない」と自分に言い聞かせながら日常生活を送るようになりました。

今から思えばバカな考えだったと思いますが、あの時は、ものすごくマジメに真剣に「道具である自分」を作ることに専念していました。おかしな話ですが、これしか方法がないと思い込んでいました。

こんな出来事もあり、自分自身が少し怖くなり、病院へ行くことにしました。うまくコントロールしきれない感情を、どうにかしなければと思い、近所の精神科のある病院を探して、行くことにしました。

病院では、うつ病と診断されました。はじめに行ったその病院では市立の大きい病院に行くようすすめられ、紹介状をもらい、大きい病院で通院治療を受けることになりました。

病院で〝うつ病〟と診断された時は、内心ホッとしたのを覚えています。「得体のしれないストレスも不眠も拒食も、病気であるなら治療をすれば治る可能性があること」に安心しました。事前にネットなどで、うつ病については調べていたので、完治に時間がかかる場合があることは知っていましたが、仮に時間がかかるとしても良くなる可能性があることが救いでした。

それからは通院をしながら、うつ病を周囲には悟られないように、周囲の人が思うような〝ぼく〟を演じながら日常生活を送り、うつ病と闘う日々が始まりました。

拒食になって……

ぼくの場合わかりやすく出ていた症状は、拒食と不眠でした。

拒食の症状では、とにかく食欲はなく、食事が憂うつでした。それなのに常に糖分が欲しく、甘い飲み物で食事をすませることも増えていきました。

食事は基本一日一食以下で、何か事情がない限り、ものはほとんど口にせず、飲み物だけで一日を過ごすことも少なくはありませんでした。

このような食生活が体に悪いことは理解していましたが、あの時は健康よりも食事という憂うつな作業を減らすことのほうが大切でした。

このような食生活のせいか、病院に行くようになってから1カ月もしないうちに、自分で見てわかるくらいに体が細くなっていきました。もともと、細身ではありましたが、この1カ月でさらに体重は落ち、標準体重マイナス25キロくらいになっていました。170センチ約55キロから40キロ前半まで、日に日に細くなっていく自分の体にかすかな恐怖心すら感じました。

その状態が悪いことはわかっていましたが、食生活を改善する気力はありませんでした。むしろ、「そのまま体を壊して倒れてしまえばラッキーかもしれない」なんてことも考えていました。幸い、そんなことにはなりませんでしたが、今から思えば怖い話です。

不眠はつらいよ

ただ、拒食の症状はまだましでした。拒食以上に苦しかったのは、不眠の症状です。ほぼ毎日、寝つくまでには2～3時間以上かかり、寝てもすぐに目が覚めてしまっていました。

布団に入って目を瞑っていても寝つけず、時計を確認すると、布団に入ってから2

時間以上が過ぎています。また目を閉じて寝ようとしても寝つけずに、時計を見るとまたさらに2時間以上が過ぎています。こうしているうちに起きる時間がだんだんと近づいていきます。起きる時間が近づいてくると寝られないことに焦り、余計に寝られなくなります。こうして、そのまま寝られずに朝を迎えてしまう日も少なくはありませんでした。

ひどい時には、3日間ほど、このように眠れない日が続いたこともありました。このような日が続いていたせいで、常に睡魔に襲われていました。寝たいと思っているにもかかわらず、寝ることができない。それがさらに大きなストレスになっていました。

通院を始めてからは、薬を処方してもらい、少し眠れるようにはなりましたが、それでも、寝つくことができない日や、睡眠が浅い日はありました。

はじめて病院で薬をもらい、それを飲んで寝た日は、ひさしぶりに普通に寝ることができ、翌朝は想像以上の体の軽さに驚きました。

「薬を飲めばきちんと眠れる」その事実だけでも、少しだけ安心することができました。

ただ、それでも翌日に予定がある日は、「もしかしたら寝坊で遅刻するかもしれない」という恐怖心と不安から、薬を飲んでも眠ることができませんでした。

こうして思い返してみると、真面目で神経質な自分が自分自身を追い込んでいたことを感じさせられます。

あらゆる面で、もう少し肩の力を抜き、ゆったりと物事に取り組むことができればうつ病にはならなかったのかもしれません。

「良い意味で適当であること」、「そして時々、真面目であること」このバランスをうまくとっていくことが、うつ病の対策だけでなく、様々な場面で大切なのだと思います。

良い経験？　悪い経験？

〝うつ病〟だったころ、拒食や不眠もつらかったですが、それ以上につらかったのは、表には出てこない精神的な部分でした。

あのころは常に、不安感や焦燥感、無力感がありました。それらが一つの大きな黒い塊になって、追ってくるような感じに襲われていました。それは、暗い夜道で、正体不明の何かに追われているような恐怖心に近かったと思います。

周りに人がいる時も、一人でいる時も、状態は変わらず、常に追われているような恐怖心がありました。なので、安心できる時間も場所も、リラックスできる時間も感覚もありませんでした。

当時はニュースなどで、不幸な事件や事故の情報を見聞きするたびに、「うらやましい」という気持ちになっていました。「自分の人生もだれかが終わらせてくれればいいのに」、「自分が代わりに死ねばよかったのに」という思いが頭によぎっていました。

「死にたかったのか」そう聞かれれば、そうではなかったと思います。とにかく現状の恐怖心から解放されて楽になりたかったのだと思います。その楽になるための手段として頭にあったのが「死ぬこと」でした。

このように「楽になりたい」と考えている時は頭が真っ白な状態で、ふと現実に引き戻された時に、不幸な事件や事故を「うらやましい」と感じていた自分が嫌になり、自分自身が怖くなりました。

こんな精神状態で過ごす一日一日は、本当に毎日が嫌になるくらい長く感じていました。

このように精神状態が最もひどかったのが、通院を始めたころから４カ月くらいの間でした。この時は１日が過ぎる体感時間が長すぎて、４カ月が１年以上の時間にも感じられました。その時が何月かも季節も頭では理解できていたのですが、感覚だけは「もうすぐ1年が終わる」という感覚になっていました。

もしかしたら、ぼくは約4カ月という期間で、精神的には12カ月近い時間を過ごしていたのかもしれません。

少し角度を変えて考えれば、あの時のぼくは「人の3倍の密度の時間を過ごした」ともいえるのかもしれません。そう表現すると、少し有意義な時間に聞こえるので不思議です。

今から振り返れば、あの苦しかったうつ病の時期は、現在の自分の中では価値のある時間となっているので、有意義な時間で間違いではないのですが、もう経験したいとは思いません。

もしかしたら、あのころも、自分の置かれた状況の見方を変えて、有意義な時間として見ることができれば、うつ病からもっと早くに解放されたかもしれません。

ですが、あの時のつらい日々がなければ、間違いなく今のぼくはありませんでした。

そう考えてみると、良い経験なのか悪い経験なのか、その経験の良し悪しを分けるのは、現在の自分が**「過去の経験、体験をどのように使うのか」**なのだと思います。

正しい選択??

一般的には、「うつ病の治療には投薬治療と並行して、ストレスの原因から離れ充分な休養をとることが大切」と言われています。その是非については様々な意見もあるので、その話はここでは置いておきます。

例のごとく、ぼくも病院で治療を開始した際に、薬の処方と同時に休養をすすめられました。ただ、その時はどうしても休養をとることに抵抗がありました。通院中には、何度も「診断書を出すので休養はするように」とすすめられました。ですが診断書も休養も、「まだ大丈夫です」と断っていました。休養をすすめられるたびに心は動きました。いろいろなストレスから離れ、ゆっくり休めば今の状態も少しは楽になるかもしれないとも考えました。

それでも、振り返ってみれば、あの時、休養をとらなくて正解だったとは思っています。自分の性格を考えると、病院ですすめられたとおりに休養をとっていたら、「休んでいることがストレス」になり、状況は余計に悪い方向に進んでいたような気がします。

もちろん、休んでいなかったからといってストレスがなかったわけではありませんし、どちらが良かったのかは今ではわかりません。

人のいる場所では常にストレスに押しつぶされそうでしたし、そのストレスを周囲に悟られないようにすることにも神経をすり減らしていました。何度も楽になりたいとも思いました。

それでも休みたくなかったのは、休んでしまうと「自分自身の存在価値がなくなる」

と感じていたからだと思います。

前に書いたように、ぼくが、通院を始めたのは、精神的に限界になり、死を考えた時に「自分は死ぬ価値がない人間」だと感じたことがきっかけです。「死ぬ価値がない」のなら、せめて自分の役割をこなす道具としてでも生きていたほうが人に迷惑をかけないと思ったからでした。

だからこそ、当時のぼくにとって休むことは、自分が生きている意味をなくしてしまうことでした。そのため、休むことに異常なまでに抵抗があったのだと思います。

もちろん休養をとることが悪いと言っているわけではありません。

ぼくも、言われたとおりに休養をとっていれば、もっと早く回復したかもしれません。あまり症状がひどくならずに、案外あっさりと回復した可能性だってあります。結果的には無事に回復して、当時を振り返ることができていますが、休養をとらずに無理をしたせいで取り返しのつかないことになっていた可能性だってゼロではないわけです。

あの時も、本当は何が最善の選択だったのかわかりません。だからこそ、苦しさから抜け出したくてジタバタとあがいていたのだとは思います。

あの時の自分に今のぼくができることは、自分の選択が最善だったと信じてあげることだけです。

まるで自分のように行動する

人前ではうつ病と悟られないように、今までの自分を作りながら、一人になったとたんに崩れていく。ぼくの〝うつ病〟生活はこんな毎日の繰り返しでした。

「一歩、家の外に出てしまえば、人が見ていようがいまいが、今までの自分を作る」

このように理由は周囲の人たちに、自分が、うつ病であることがばれてしまうのを避けたかったことや、周囲に無駄な心配や迷惑をかけずに自分の役割をこなしたかったからなのですが、振り返ってみれば、「人前で作る自分」も「その役割」もできていたとはいえないような完成度で、いろいろな人にたくさん迷惑や心配をかけました。

いまだに反省したい点もありますが、あの時「自分で自分を演じ」生活していたことで、ぼくは、うつ病から回復することができ、その後の自分自身につながっていると感じています。

自分で自分を演じるうちに次第に人前で演じている今までの自分と「うつ病で苦しい自分」とが近づいているような感覚がありました。

当時は、部活の役割でもしなければいけないことが多々ありました。そのため、家に一人でいる時間よりも外に出ている時間のほうが長く、「人前で演じる自分自身」でいる時間のほうが、「うつ病で苦しい自分」でいる時間よりも長かったため、どちらが本当の自分なのか、だんだんとわからなくなっていきました。

うつ病になってから判断力や思考力は間違いなく鈍っていました。そのせいもあってか、長時間、意識して使っていた、うつ病になる前の自分を「演じている自分」が標準になっていき、心の持ち方も演じる自分に合わせるように、うつ病も回復していきました。

うつ病から得たモノ

うつ病だった時期には戻りたくはありません。ですが、あの時期があったから得られたモノもたくさんあります。それを大きく3つに分けて紹介します。

①考え方・モノの見方の変化

まず挙げたいのが、考え方や物事への見方が変わったことです。

うつ病になる以前は、何ごとにも無気力・無関心で、とにかく周囲に流されながら生きていました。しかし、うつ病なってからは、周囲に流されることすら、うまくできなくなりました。それでもなんとか自分を保とうとジタバタあがきました。

うつ病が良くなるにつれ、それまで普通だと思っていたことや、当たり前のようにできていたこと、楽しい、嬉しいということを感じられること、そんな普通のことが、どれだけ大切で、ありがたいことか気づかされました。

「当たり前だったことが、当たり前にできなくなり、また今までのように戻っていく」うつ病を通して、こんな経過をたどり、**当たり前のありがたさを感じられるようになりました。**

②うつ病を乗り越えた自信

うつ病を克服したことは、少なからず自信になりました。「あの死ぬほうが楽だと思ってしまうくらい苦しい毎日を8カ月も過ごしたのだから、大体のことはなんとかなる」と、そんな自信が持てるようになりました。

うつ病になる前までは、どんなことにも自信がありませんでした。なので、ささやかでも自信を持つことができるようになったことは、今でも大きな支えになっています。

③ 生きること・自分の人生について考えた

最も大きかったのは、自分の人生について考えるようになったことでした。自分の中に一つの基準として、「価値ある死に方ができる生き方をする」というものができました。

そんな基準ができたことは、無気力・無関心で、流されながら生きてきたぼくにとっては非常に大きな変化でした。

もしも、あの時、うつ病になっていなければ、今でも、ぼくは無気力・無関心で、日常に不満を抱えながらも、何かを変えようとするわけでなく、なんとなく社会人をしていたことでしょう。

もしかしたら、社会人になる前に、就職活動でくじけていたかもしれません。

「人間万事塞翁が馬」こんなことわざがあるように、人生どんな不幸が幸運になるかわからないものです。

第3章　200社落ち

うつ病から回復してからの就職活動。ぼくは最終的に200社以上落ちてしまいましたが、とても貴重で重要な体験をすることができました。この章では、その就活200社落ちのエピソードを掘り下げてお話しします。

ぼくの就活

第1章でも書きましたが、ぼくが就活をしていた年はリーマンショックがあった翌年度にあたる就活で、この年は就活が始まる前から〝就活がさらに厳しくなる〟というニュースしか聞かないような、新卒内定率も過去最低を記録した年です。

こんな年の、ぼくの就活戦績はというと、

・エントリー数：約300～400社
・受けた企業数：約200社

・就活期間：12カ月

この数字は１社目の内定をもらうまでのものです。

内定をもらってからも就活を続けていたから数が多いというわけではありません。

就活が厳しかった年とはいっても、この数字は特別に多いと思います。

12カ月間で１社からしか内定が出なかったのは、自分でも〝逆にすごい〟と思います。

この結果は、自慢できることではありませんが、落ち続けても、ストレスを感じることなく常に前向きに就活に臨めていたことは自慢できることです。

もちろん、もともとストレスに強かったわけではありません。

これまで書いてきたように、些細なことでうつ病を患ってしまうくらいストレスには弱いほうでした。

さらに当時は人に自分のことをＰＲする〝就活という自己表現〟は最も苦手な分野

でした。

就活の準備を進める中で、本屋へ行き就活本などを買おうと本を選んでいても、どれもこれもできる気がせず、参考にできそうな本を見つけられなかったくらい苦手意識を持っていました。

第一志望はありません!!

苦手意識のあった就活も、たくさんの企業を受け、数をこなしているうちに、就活の技術は着実に上がっていきました。

しかし、どれだけスムーズに就活で選考を進められるようになっても、内定にたどり着くことができませんでした。

その理由には、長い時間が過ぎてから気がつくことになります。

そして、ようやく見つけた理由は、「すべての企業が第一志望であり、第一志望でなかった」ことでした。

多くの人はもし仮に第一志望でない企業でも、選考で企業の志望度を問われれば「御社が第一志望です」と言うと思います。ですが、このころのぼくには、それができませんでした。

できなかったと言うよりも、その点に関してとても無頓着で、面接でも、「第一志望はどの企業ですか」と質問されれば、「現時点では特にありません」と自信を持って答えるなど、冷静に考えれば内定をとるつもりのなさそうな受け答えをしていました。

ほかにも、「同時にほかの企業からも内定をもらったらどうしますか？」と質問された時にも「その場合は内定をいただいたあとに比較して検討します」と答えていました。

冷静に振り返れば、その企業に受かりたい人間の発言には思えません。

もし仮に、ぼくが人事担当でも、あの時のぼくのような、内定を出しても来るかわからない学生に内定は出さないと思います。

もちろん当時のぼくは受かるつもりがなくて、そのような受け答えをしていたわけではなく、受かるつもりで面接を受けて、受かるつもりで、「御社が第一志望というわけではありません」と答えていました。

もし、本気で内定をとるつもりなら面接などでは、ウソでも「御社が第一志望です」と返答するのが普通だったのだと思います。

しかし、当時のぼくが、こんなに簡単なことに気がつくまでには、とても長い時間がかかりました。

しかも、最終面接まで進んでも、「御社が第一志望というわけではありません」と答えていたので、たちが悪かったと自分でも思います。

こんな簡単なことに気がつくまで、4カ月以上の時間がかかりました。もっと早く気がついていれば、もしかしたら200社落ちることなく、ぼくの就活も終わっていたのかもしれません。

見つからないまま…

実は、あのころのぼくが、就活の選考で「御社が第一志望です」と答えなかった、答えられなかったのには、自分なりの理由がありました。

その理由とは、〝第一志望がなかった〟ことです。

そのままの意味ですが、ぼくは就活を始めたころから第一志望の企業も業種も存在しませんでした。

もちろん、受けた企業の一回一回の選考で内定をとる気はあり、真剣に臨みました。

反面、どの企業を受けても志望度が低く、〝どこかに受かれば良い〟という考えで就活をしていました。

ぼくは「自分には何が向いているのか」も「自分がどんな仕事をしたいのか」も、そういったものが自分自身で一切わからないまま就活を始めました。

だからこそ、そういったものを見つけるための就職活動でもありました。

そのため、就活を始めたころから、業界や業種は関係なく少しでも気になった企業や、予定が空いている日で行ける説明会など、なんでもかんでも受けていました。

就活のように自分をＰＲするのはもともと大の苦手でした。なので、就活の開始当初はどこを受けても手ごたえがなく、空回りばかりしていました。

ですが、たくさん受けて、たくさん落ちて、試行錯誤を繰り返していった結果、業種、業界、自分自身の興味に関係なく終盤の選考までは進めるようになっていきました。

そのように就活を続けてきた、10月、このころには受けた企業数は１５０社を超えていました。

このころに友人と何気なく会話をしている中で、「面接では〝御社が第一志望です〟と返答しないといけない」と指摘され、自分自身の最大の問題に気がつくことになります。

当たり前のようなことなのですが、ぼくにとっては完全に盲点でした。

面接で「御社が第一志望です」と言わなければいけないことがわかっても、言葉だけで、「御社が第一志望です」と言っても、その曖昧さは、すぐにばれてしまう気がしました。

だからと言って、第一志望を受けているわけでもありません。

どうしたら、第一志望が見つかるか、どうしたら内定を獲得できるのか、もう一度、初心に立ち戻り考えました。

内定のための自分ルール

第一志望の企業も業界も見つからないまま、内定を獲得するために考えた方法が、〝良いお手本を見つけてマネをしていく〟ことでした。

とりあえず内定をとるために自分に足りないものは就活への熱意や、内定への本気度だと思ったぼくは、「熱意のありそうな就活生」などを観察して、自分に足りない部分を考え、その自分に足りない部分を再現するという方法で内定を目指すことにしたのです。

頭では「自分には何が向いているのか」、「自分がどんな仕事をしたいのか」を見つけて、本当に第一志望と思える企業や業界を探したほうが良いことはわかっていました。

また、本心では、そんな企業を見つけたいと思っていました。

ですが、それは自分にはできる気がしませんでした。だから、今までの方法の応用で、とりあえず就活というイベントをクリアしようと決めました。

こうして、良いお手本を観察し再現する小手先の技術のみで内定を目指すと決めた時、自分自身に定めたルールがありました。

そのルールは第一志望を聞かれたら、ウソでも「御社が第一志望です」と答えることです。しかし、そうすることは自分自身を偽っているようで、違和感があり、嫌な感じもしていました。

そのためか、その後しばらくは面接で、「御社が第一志望です」と返答するたびにぎこちなく不自然な様子になっていました。

無駄にマジメだったせいか、変に気負っていたせいか、なかなかはっきりと「御社が第一志望です」と返答できないまま、またしばらく時間が過ぎました。

どうも、このままだと内定にたどり着けそうにないと思い、もう一つ自分にルールを課すことにしました。

そのルールが、「内定が出た時点で、同時進行で受けている企業の選考はすべて辞退する」ということでした。

そうすれば、結果的に内定を出してくれた企業には、ウソを言ったことにはならないからです。ただのヘリクツのようですが、思いのほかうまくいき、このルールを定めたことで、楽な気持ちで「御社が第一志望です」と言えるようになりました。

それからはこのヘリクツを自分自身への免罪符にし、選考に臨みました。

そして、このヘリクツのようなルールを定めてから1カ月経たずに、内定の電話は鳴りました。

就活ゲーム

その内定の電話が鳴ったのは12月の中ごろでした。このころには受けた企業数は２００社を超えていました。

やっともらえた初の内定でしたが、その時の気持ちは「嬉しい」というよりも「予想どおり」といった感じでした。

自分でも驚くほど冷めた感覚で電話を受けました。内定のために自分ルールを定めてからは、しばらくすれば内定が出る確信がありました。

内定までに一次選考、二次選考……と何回も選考があるところがほとんどだったので、面接を受けた回数は３００回近くにはなっていました。

これだけ、面接を受けていれば、へたくそだった面接もうまくならないほうが、おかしいと思いませんか。

特に面接が増えてきた就活後半の夏以降では、多い時には面接が1日で2社、3社、それをほぼ毎日のように繰り返していました。そのため、自分の面接の良し悪しは、なんとなくわかります。あの時は、このような感覚はとても研ぎ澄まされていたような気がします。例えば勉強で言えば、同じ問題を何回も解いている時、スポーツで言えば、素振りや基礎トレーニングなどのルーティンワークを何日も繰り返し継続している感覚に似ていると思います。毎日、毎日、同じことを真剣に繰り返していると、その日の良し悪しは感覚的にわかるようになってきます。

「御社が第一志望です」この一言を使うようになってからは、面接の感触がまったく違うのもわかりました。

このように良くも悪くも予想どおりの展開だったからこそ、ようやく獲得した内定にもかかわらず、驚きも喜びも小さかったのかもしれません。

この日、内定の電話をもらってからすぐに、自分のルールに従って、並行して受けていた企業に選考辞退の連絡を入れ、就活のポータルサイトの登録を消し、就活を終わらせることにしました。

自分で言うのもおかしな話ですが、苦労して獲得した内定です。内定が出ればもっと嬉しいと思っていました。本当はもっと喜びたかったというのが本音です。ですが、そんなこともないまま、想像以上にあっけなく、ぼくの就活は幕を下ろしました。

期間にして、ほぼ丸1年間。こうして内定にたどり着いた、ぼくの就活は、「自分には何が向いているのか？」、「自分がどんな仕事をしたいのか？」、これらは結局、見つからないまま終わってしまいました。

ぼくの就活は思うようにはいきませんでしたが、個人的には就活自体はとても楽しいイベントでした。

選考に行き詰まるたびに新しい工夫ができる楽しさがあります。さらに、その工夫をすぐに試せる場もあります。結果が出なければまた次の手を試行錯誤できます。この工夫と試行錯誤の繰り返しの就活は、とにかく飽きることがありませんでした。

こんなことを言ったら怒られるかもしれませんが、ぼくにとって就活はゲームのようなものでした。

就活生というキャラクターは、就活の選考や結果の振り返りを通して経験値を増やしながらキャラクターのレベルを上げていきます。書類選考、一次選考、二次選考と、それぞれのダンジョンが用意されていて、そのダンジョンには、履歴書、ES、SPI・適性検査、面接などのボスがいます。

就活生はそれぞれのダンジョンでボスを倒しながら、次のダンジョンに進み、内定というラスボスの討伐を目指すようなイメージでしょうか。

それぞれのダンジョンでボスが倒せなければ、さらに経験値を増やして自分のレベルを上げればよいですし、それでも、そのダンジョンのボスが倒せなければ自分の手持ちの武器やアイテムを見直して作戦を組み直します。

そして、就活ゲームの中にはクリアに欠かせないアイテムがあったりもするのです。ぼくの場合は「就活への熱意や本気度」のようなものでしょう。これがなければ、いくら経験値を増やしてレベルを上げてもボスを倒すことができません。なので、必要なアイテムを見つけなければなりません。

さらに、この就活ゲームのクリアに必要なアイテムは複数存在していて、どのアイテムを持ってクリアするかによってゲームのエンディングも変わってくるのです。

ぼくは、ゲームクリアこそしたものの、予定していた「やりたいことを見つけて内定をとる」ために必要なアイテムは見つけられず、「小手先の技術」で内定をとるためのアイテムばかりを持って就活ゲームのエンディングを迎えてしまいました。

その結果、起業という別のステージを目指すという形になりました。

それでも内定まで粘り続けた就活で得た経験値は、現在のぼく自身にとっても重要なものになっています。

就活ゲームのクリアまで、散々遠回りをして上げてきたレベルは決して無駄にはなってはいません。就活ゲームを通して、集めた使わなかったアイテムも、今になって重要なアイテムになっていることもあります。

今では、これは就活に限ったことではなく、生きている限りすべてのことに当てはまるような気がしています。

例えば、ぼくは就活のステージで内定というラスボスを倒し、起業のステージに進みました。

ぼくは起業のステージでも行き詰まってばかりです。就活ゲームよりもゲームの自由度が上がったおかげで、どのルートを進んだらよいのか迷ってばかりいます。

就活や就職、起業だけでなく、学校、家庭、会社など、人それぞれが違ったステージの様々なダンジョンで戦っているのだと思います。

もちろん、それぞれのゲームのルールもクリア条件もラスボスも人それぞれでしょう。ぼくは就活というゲームに内定というクリア条件を設定しましたが、就活のクリア条件が内定だけとは限りません。人の数だけクリア条件はあってもいいと思うのです。

器用に順調にダンジョンをクリアできる人も、なかなか今のダンジョンをクリアできない人も様々だと思います。それは、人それぞれ違ったダンジョンを違ったルールで戦っているから仕方がないことなのだと思います。

だからこそ、今の自分がいるダンジョンで地道に経験値を稼ぎつつレベルを上げていくことが大切だと思っています。

もし、ふいにそのダンジョンのボスに遭遇しても、そのボスを倒せるように。

第４章　不安の乗り越え方

不安とどう向きあうのか。それは、なにかに挑戦する時、とても重要なテーマになると思います。ここでお話ししたいのは、ぼくの「不安の乗り越え方」の話です。

不安がなかったか

就活で200社落ちた話や、起業の話をすると、最もよく聞かれることが、「不安がなかったのか」ということです。

先に結論を言ってしまえば、不安なんかあったに決まっています。むしろ、今でも不安ばかりです。

ただ、必要以上に不安に振り回されることなく、一つ一つを乗り越えることはできています。

こうして、不安に必要以上に振り回されなくなったのも、うつ病を経験したおかげだと思っています。

うつ病だったころは、特別なことがなくても朝起きてから寝るまで常に正体不明の不安がありました。その不安から早く逃れたくて、早くうつ病から解放されたくて必死でした。どのように必死だったかと聞かれると自分でもよくわからないのですが、早く治さなければという焦りがありました。

しかし、早くうつ病を治したいと考えていても、自分ではどうしようもありませんでした。こんな日がしばらく続き、「早くうつ病を治したい」と思うことにも疲れてしまい、治そうと思うことを諦めてしまいました。

ただ、こうして「早くうつ病を治したい」と思うことを諦めたころから少し何かが吹っ切れたような気がしました。決して毎日の不安がなくなったわけではありませんが、「不安から逃れることを諦めた」ことで少し気持ちが楽になりました。

このことをきっかけに「不安を受け入れる」ことと、「諦めの美学」を持つようにしています。

「不安を受け入れる」とは

未知のことや新しいことに取り組む時に、不安や恐怖心があるのは当たり前です。
そんな不安や恐怖心に打ち勝とうと思ったら、相当強い心が必要でしょう。
ぼくは、不安に打ち勝てるような強い心は残念ながら持ち合わせていません。
「不安にも恐怖心にも勝てないのなら闘わなければいい」
こんなことを、うつ病を通して学びました。
きっと、この考え方は、これからも変わっていかないような気がしています。
仮に現在の不安に打ち勝てるようになったとしましょう。ただ、そうなった時は、今よりもさらに大きな不安が目の前に現れていると思うのです。何かに挑戦し続ける限り、この繰り返しではないかと思います。だとしたら、ぼくが何かに挑戦する限り不安に打ち勝てる日は来ないような気がします。

だからこそ、「不安と闘う」のではなく、「不安を受け入れること」が大切だと思っています。

例えば、「不安」は〝家に突然訪ねてきた少し苦手な偉い人〟に似ていると思います。そんな人が突然、家に訪ねてきてもあまりいい気分はしません。ですが、来てしまったものは仕方がないので、客間にお迎えして、おもてなしをします。しかし、そこで、「苦手な偉い人」の言葉にしっかりと耳を傾けていると、意外と現在の自分に必要なことを教えてくれたりもするのです。

一口に苦手な人といっても、いろいろな苦手があると思いますが、「不安」に関していえば、この人は耳の痛い話ばかりしてくるから苦手なことが多いのです。なので、「不安」を受け入れて、その言葉に耳を傾ければ、自分が、どんなことに不安を感じているのかがわかります。

どんなことに不安を感じているのかわかると、自分に足りていないことや、必要だと思っていることもわかります。

例えばぼくが、「明日から総理大臣になって国の舵取りをすることになったらどうしよう」と不安になることはありません。それは、起こり得ないことだから不安に思う必要がないからです。

例えばぼくなら、自分の書いている文章がうまく人に伝わるのか不安になります。それは、こうして今、本を書いているからであって、人に伝わる文章を書きたいと思っているからです。

そして、こうして不安になるから自分の書いた文章を読み返したり、直したりを繰り返します。書き終えることが目的であったり、「うまく伝わらなかったら」と不安にならなければ、ぼくは自分の書いたものを読み返すことも直すこともしないでしょう。そのほうが、楽ではありますから。ですが、こうして不安になって読み返し、直していくことで、今の自分に書ける最善のものができるのだと思っています。

これらの、少し稚拙なたとえ話でもわかるように、不安に感じることというのは、自分自身でイメージできる範囲の中にあるのだと言えます。

就活も起業も、それから何か新しいことにチャレンジする時に感じる不安は、闘うのでもなく、逃げるのでもなく、受け入れて、その不安から出てくる言葉に耳を傾けてあげれば、今の自分に必要なことを教えてくれるのです。

先ほどのたとえ話で出したように、「不安」を〝家に突然訪ねてきた少し苦手な偉い人〟とします。突然の訪問を嫌がり無理に追い返そうとすると、すごく怒られそうです。適当にご機嫌をとってやり過ごそうとしても、見透かされて怒らせてしまうかもしれません。

だからこそ、不安はしっかりと受け入れて、その不安から今の自分に必要なヒントを見つけていくことが大切だと思います。

諦めの美学

不安を受け入れ続けるだけでは、やはり心身ともに疲れてしまうこともあります。不安から見つけた自分自身への課題の解決に求められる基準が高すぎて、解決できないことだってあり得ます。不安から必要なこと、足りないことがわかったとしても、具体的に何をしたら良いのかわからないことだってあり得ます。

そんな時は、「自分なりの美学」をもって、胸を張ってできないことを諦めてしまうことも大切だと思っています。

そして、**できることをできる範囲で、できるだけ頑張れば良い**と思います。

ぼくは、就活を始めるころは、苦手なことばかりでした。就活に必要な自己表現はすべてが苦手でした。今でこそ文章を書くことができますが、あの当時は履歴書やエントリーシートにあるような４００文字くらいのマスを埋めることすら苦痛なくらい文章も苦手でした。

このような状態だったため、就活では早い時期に内定が出ることを諦めている部分もありました。最後まで内定が出ない可能性さえ感じていました。

そう感じていたため、人よりもたくさん行動しようと決めていました。仮に最後まで内定が出なかったとしても、「最後まで自分は自分にできることをした」と、その結果に胸を張れるようにです。

就活で２００社以上の企業を連続で落ち続けることはもしかしたら恥ずかしいことなのかもしれません。それだけ多くの企業に必要ないと言われているわけですから。ですが、この結果はぼくの中では少し誇りでもあります。それは、落ちてもくじけずに諦めなかった結果であり、その間に試行錯誤をし続けた結果なわけですから。

人にはどうしたって無理なこと、苦手なことはあります。そんな時は、できなかったことに胸を張れるように、できることを精一杯、頑張ればよいのではないでしょうか。

そうやって、**精一杯頑張ったことが直接、結果につながらなくてもよい**とも思っています。

ぼくは就活で1社の内定をいただきましたが、辞退しました。こうして見ても、ぼくが就活でしてきたことは直接は結果にはつながっていません。ですが、就活を通して積み上げたものや経験は今でも間違いなく活きています。

諦めの基準、努力の基準も人それぞれです。「諦めの美学」としたのは、その基準は人それぞれの美学でいいと思うからです。美学だからこそ、人に決められることではなく、自分なりの基準でいいと思うわけです。

肯定的な自己否定

もう一つ、不安になる自分を支えてきたのは、「肯定的な自己否定」を繰り返してきたことです。

ぼくは、自分は「どうしようもないポンコツ人間」だと思っています。卑屈な見方ですが、あくまでも肯定的にです。

どういうことかといえば、ぼくは何もできないポンコツなので、人と同じことをしていてはいけません。同じことをしたら、それなりの結果しか出せませんから。だから、少しでも良い結果に近づけるように試行錯誤し、常にポンコツなりの、その時の最高の結果が出せるように考えます。

こうして、**自分自身の評価が低いと、結果に対して寛容になることができます。**とにかく自分の中での基準が低いので、少しでもできれば自分の中で合格点にすることができます。

さらに、自分はポンコツだから人より努力しなければと思いながら作業を進めているため、結果も思いのほか悪くはないことが多くなります。予想外に他人からも評価される結果につながってしまうこともあります。


自分自身に対して、ポンコツな人間という否定的な自己評価を持っていると、ある意味であらゆることができなくて当たり前になります。なので、本当に小さなことでも、うまくいったり、できたりすれば、自分自身に対して「意外と自分はできるかもしれない」と肯定的な考えを持つことが多くなります。

このように、否定的な自己評価で生活していると、一つのモノゴトを完成させるまでに何度も自分自身に肯定的な感情を抱けるようになっていきます。また、こうしていると新しいことを始めることへの抵抗も減っていきます。なぜなら、モノゴトを成功と失敗の二択でとらえなくてよくなるからです。失敗を前提に、成功を目指し挑戦しつつ、その過程で自分のできたことを見つけながら前に進んでいくからです。もし、最終的に思ったような結果が出なくても、副産物としての小さな自己肯定と経験値を得ることができます。

こうした、「肯定的な自己否定」があるからこそ、ぼくは不安になっても、未知なこと、新しいことに挑戦できています。

逆に見てみれば、現状に満足して立ち止まってしまうと、自分自身を肯定できる場がなくなってしまいます。

基本になっているのは「ポンコツな自分」という自己否定ですから、今の自分より少し高い基準の何かに挑戦して「思ったよりもできている」という肯定感をなくしてしまうと、本当にただのポンコツ人間になってしまいます。

ある意味では、こうした「ただのポンコツ人間」になってしまう不安感が、そのほかの様々な不安感よりも大きくて、新しいことへの挑戦ができているような気がします。

おそらく、人は何かに挑戦する限り、現状を変えようとする限り、不安は消えないと思います。不安になるのは、結果の見えない状況と向き合っているからです。

想像してみてください。現状になんの不満もなく、何かを変えるつもりも、新しいことに挑戦するつもりもなければ、あまり不安にならないような気はしませんか。

不安があることは、たしかに苦しいことではありますが、その不安があるから何かを変えたり、今よりも少し成長できるのだと思います。

なので、**不安をなくそうとするのではなく、不安であることを受け入れ、その不安をうまく使っていくことが大切**なのだと思います。時と場合によっては、そんな不安に押しつぶされそうな時もあります。ですが、それも仕方ないこととして、その時できることを、できる範囲で進めながら、小さな自己肯定感を重ねつつ成長ができれば十分だと思っています。

準備はしすぎない

就活の時も、起業を決めた時も、現在の一つ一つの活動でも、「完璧な準備をしないこと」を常に意識しています。もちろん、準備をしないわけでも、適当に準備をしているわけでもありません。しっかりと準備はしていますし、少しでも良くなるように試行錯誤も繰り返しています。ただ、「完璧な準備はしない」ようにはしています。

なぜなら、「完璧な準備はできない」からです。

例えば、ぼくが完璧だと思っても、ほかの人から見たら完璧ではないかもしれません。ある人から見て完璧なものも、別の人が見たら完璧ではないかもしれません。そうやって考えていくと完璧なものなどできないという結論にたどり着きました。なので、それからは意識して「完璧を目指さない」ように気をつけるようになりました。

残念ながら、ぼくが考える完璧なんていう基準は、ほかの人から見たら一切あてにならないのです。

もともとぼくは、完璧主義な部分が強く、それがあだになり、うつ病にもなりました。そんな完璧主義な自分のままでいると、完璧に準備ができていないと不安で動けなくなってしまったり、完璧に準備ができないがゆえに準備のままで終わってしまうこともあります。

なので、「完璧に準備をしない」ことを、自分に言い聞かせながら日々の活動をしたり、新しい挑戦をしたりしています。

しかし、自分の中に何も基準がないというのも、ただ適当になってしまいそうなので、「6割の完璧さ」を意識して行動しています。例えば、大学の単位認定の基準や、多くの資格試験の合格基準、これらの合格基準の多くは6割くらいです。こうして見ても6割くらいの完璧さで完成させられれば、合格なのかなと思うわけです。

もちろん、この「６割の完璧さ」も自分で勝手に決めている基準なので、ほかの人からの評価のあてにはなりませんが、独りよがりの完璧を目指して完成しないよりも最終的に良い結果を導いてくれると思っています。

そもそも、「６割の完璧さ」ということは、自分の中でも４割は不完全ということなのです。そこは改善要因であり、現場で対応しなければいけない部分でもあります。この不完全な４割があるから、ぼくは様々なことに興味を持ち、様々なことを勉強するようになりました。そして、この４割は一度完成させたものを改善させるための余白部分にもなっています。

例えば、ぼくは、セミナーなどを行う時でも、きちんと内容を作るのは６割くらいです。残りの４割くらいは、現場対応といった形で準備をしています。セミナーの雰囲気や、伝わっているかなどを考えながら補足説明をしたり、ワークの時間を調整したり、意見、感想をシェアする時間を調整したりする時間に使います。

もし、これが自分なりに「完璧のつもりで準備」をしたつもりでセミナーを作ってしまったらどうでしょうか。極端ですが、1分1秒まで、しっかりと考えて準備をして臨んだとしたら。おそらく自分で思ったとおりにセミナーは進められるでしょう。ですが、それで相手に伝わるかは別の話です。もしかしたら、来てくれた人が置いてきぼりになってしまうかもしれません。予想どおりに進まなくて焦ってしまうこともあるかもしれません。

こうして考えてみても、**完璧を目指すことは、あまり意味のないこと**のように感じられます。結局、完璧なんてものは独りよがりの自己満足にすぎないと思うのです。

また、「6割の完璧さ」を目指す上での、残りの4割の部分は改善であり、広がりであるとも書きました。全体の4割を現場で対応しようと思ったら、様々なパターンを想像しなければなりません。

自分がまったく予想しなかったことが起こることも想定しなければなりません。その時に、４割を埋める何かを自分の中に用意しておかなければいけません。だから、ぼくは常に様々なことに興味を持ち、様々なことを勉強するようにしています。中途半端に勉強したことが、すぐに役に立つことはなかなかありません。ですが、まったく使い物にならないかと言えば少し違います。これらの中途半端な知識などが中心になる部分を補強してくれることもあれば、新しい視点を与えてくれることもあります。とりあえずで勉強してみたり、試してみたことが意外と興味深くて、そちらの方向に自分の活動が広がっていくことだってあります。

ぼく自身、現在の活動の形になるまでに、様々なことを勉強してみたり、試してみたりを繰り返してきました。中途半端に終わっていることもあれば、そこから続いていることもあります。

ですが、すべてのことが現在の自分の中で活きていると感じています。

もちろん、すべての人が満足できるものを完璧に準備ができれば理想的でしょう。

ですが、価値観が多様化している現代で、それをすることは不可能に近いと思います。

たしかに完璧でないことは不安です。ですが、不安だから準備をします。まだ完璧でないと思えるから改善しようと考えます。

あなたは、家電でも文具でも、一切不満のない完璧な商品に出会ったことがあるでしょうか。ないのではないでしょうか。あったとしても、すべての人が同様に一切不満なく完璧と思っているかと聞かれると疑問が残るかと思います。だからこそ、常に新しい商品が生まれているのだと思います。

こうやって、物質としての商品でさえ、何十年、何百年と多くの人の手で改善されながら進歩しているのです。

少し話が広がりすぎましたが、このように考えてみても、一人の人間が完璧を目指すなど不可能のことのように感じます。

完璧でないから不安になる。それでいいと思います。不安になるから準備をして改善して自分自身を成長させ、進歩させてくのです。

むしろ、自分で完璧だと思い込んで成長や進歩することをやめてしまうことのほうが怖いような気さえしています。

不安なままで行動するための劇薬

ただ、それでも不安が強くなりすぎて、動けなくなることもあるかと思います。少なくとも、ぼくにはあります。

多少の不安であれば、不安を原動力に前を向いて準備をしながら自分自身の成長を楽しむことができますが、その不安も度を超えてしまうと、何も手をつけられなくなってしまいます。

ぼくには、そんな時に劇薬的に使っている方法があります。自分自身を行動させる最後の手段で使っています。

何かをする時、決断する時に不安になるのはなぜでしょうか。

それは、悪い結果を予測するからです。

ほかの人から見て、どんなに危険な挑戦でも本人が成功することしか予測できなければ不安にはなりません。ですが、その中に少しでも失敗する予測や、悪い予測が加わると不安感が出てきます。失敗の予測や悪い予測の大きさが不安感の大きさと言ってもいいかもしれません。

成功の予測しかできないほど自信があったり、楽観主義であれば、新しい挑戦やリスクのある挑戦にも迷いはないでしょう。

それでうまくいくかは、また別の話にはなりますが、挑戦する数が多ければ必然的に成功する数も多くなるでしょう。いくら万全の準備をしても挑戦せずにすべてが準備段階で終わっていれば成功することはできませんから。

とは言っても、そこまで極端に自信を持てたり、楽観主義でいることは難しいと思います。ぼくにはできません。

どれだけ準備をしても、頭に悪い結果や失敗がよぎれば不安になります。それが悪いことだとは思いません。何度も書いているように、不安になるから準備をするし、失敗を減らせるように対策を立てられるわけですから。

ただ、それも度を越え始めて悪い結果や失敗ばかりを考えるようになってくると、準備することや行動することすらできなくなっていきます。どれだけ準備をしても失敗すると思っている時に果たして準備をするでしょうか。

こうして、行動できなくなるほどの不安に襲われるタイミングは、自分にとって大切なことであったり、大きな挑戦の時が多いと思います。大切だからこそ、不安も大きくなり得ると思うのです。

ただ、大切なことだからこそ、しっかりと準備をして挑むことも大切です。ですが、大切だから不安が大きくなりすぎて準備することすらできなくなる、このような矛盾した状況に立たされた時に使うのが劇薬的なわけです。

具体的にどのような方法をとるかと言えば、「自分にさらに大きな不安感」を与えて強制的に自分を動かすのです。

挑戦することが不安なら、挑戦しなかった場合にさらに不安になるようなイメージを自分に植えつければよいのです。

準備をしても不安なら、準備をしなかった場合のイメージをさらに悪いものにしてしまえばよいのです。

行動を止めている不安感よりもさらに大きな不安感で自分自身を強制的に動かします。準備をしても失敗して苦しみそうだけど、準備をしなければさらに大きな苦しみが待っているとなれば嫌でも準備をすると思いませんか。

そうして、この準備をしなかった場合の苦しさをリアルにイメージできればできるほど、無理やりにでも自分を動かすことができます。

こうして、不安で動けなくなる自分を動かすために、より大きな不安感のイメージとして、ぼくが使っているのが、うつ病だった時の自分の感情です。

このまま何もしなければ、自分はうつ病の時のようになると自分自身に言い聞かせ、その不安感から自分自身を無理やり動かします。

うつ病の時の苦しさには二度と戻りたくはありません。ですが、あの時の自分が抱いていた不安感や感情は今でも覚えています。
そんな、うつ病だった時の自分自身のイメージを、このまま不安で行動しなかった自分に重ねていきます。失敗して苦しむことより、行動せずにあの時の自分に戻るほうが何倍も苦痛なので、そのより大きな不安感によって自分を動かすわけです。

もちろん、この方法は褒められたものではありませんし、あまりおすすめもできません。思い出したくない記憶を無理に引っ張り出して強制的に自分を動かすわけですから、使ったあとの心身の疲労感や、すり減り具合も非常に大きいです。あまりにリアルにイメージしていくと、何もないのに、うつ病だった時のような心境になっていくことすらあります。なので、本当に苦肉の策として最後の最後に使うようにはしています。

起業をしようと思ってからこれまでの数年間、何度も足を止めそうにもなりました。全部、やめてしまおうかとも何度も考えました。

一人で起業して一人で進めてきた事業です。ぼくがやめてもだれも困りません。なので、いろいろなことがうまくいかなかったり、迷ったりすると、内定を辞退したことの後悔が出てきたり、やめてしまったほうが楽だと思うことも少なくはありません。

ですが、そんな時でも、本当はやめたくないことも、まだやりたいことがあることも、自分自身でわかっています。

こんな時に、不安につぶされそうな自分を推し進めてきたのが、この劇薬的な方法でもあります。

不安につぶされそうな自分を、さらに大きな不安で前に進める、この時に使っているのが、これまでで最も苦しい思いをした、うつ病の時の記憶や経験であるのは皮肉な話だなと思いながらも、あの苦しかった、うつ病の時期を耐え抜いた過去の自分には感謝の気持ちすら覚えます。

ほとんどの人は、成功の経験、失敗の経験、良い思い出、悪い思い出などポジティブなものも、ネガティブなものなど、様々なものを抱えていると思います。

こういったものの中でも、**より多くのことを教えてくれるのは、失敗の経験や、悪い思い出などの人生の中でもネガティブな側面**なのかもしれません。

そこに目を向け、受け入れることで、自分の中での大きな糧になっていくのだと思います。

第5章　働き方を考える

就活をしていたころから現在まで、「働くこと」とは何なのかをずっと考えています。この章では、この本を書いている現在のぼくの思う「働くこと」についてお話ししようと思います。

運に左右される就職活動

前の章でも書いていますが、ぼくが就活をしていたのは、世界的な大不況を引き起こしたリーマンショックの翌年で、統計上でも２０１４年時点で過去最低の内定率を記録した年でした。

それに対して、ぼくが大学に入学したころは、徐々に就職内定率も回復してきていたころでした。自分が就活をするころには、このまま良くなっていくだろうと甘く考えていました。

それが、リーマンショックの影響によって最悪の環境で就活をすることになります。

リーマンショックが起きた年は、ぼくたちの就活が始まる前年度で、一つ上の先輩たちには内定取り消しなどの問題も発生し、社会問題にもなりました。

そして、ぼくたちの年には、就活が始まる前から採用数が絞り込まれ、激減した大変厳しい前評判で就活が始まります。

〝100年に1度の世界的大不況〟と呼ばれる経済危機が起きた直後の就職活動です。そうなるのも仕方がないのはわかります。

ただ、就活をする当事者としては、生まれた年が数年違うだけで、ここまで環境が変わることに理不尽さを感じ、「就職の良し悪しなんか、半分以上、運まかせじゃないか」と思っていました。

また、理不尽さと同じくらいに、景気や環境に振り回されている自分にバカらしさも感じました。

大学に入学したばかりのころでも、自分が数年後に就活をすることに大きな不安もありました。

ですが実際に自分が就活をする側になった時に抱いた感情は〝理不尽さ〟と〝バカらしさ〟でした。

以前感じていた就活への不安は驚くほどありませんでした。こうして、不安がなくなっていた理由には、うつ病を通して不安の受け止め方が変わっていたこともあるとは思いますが、コロコロと状況が変わる経済や社会の様子を感じて、就職や企業に過度の期待を持てなくなっていたこともあったと思います。

こうして、ある意味ではネガティブな印象で始まったぼくの就活でしたが、結果的にはそれが良かったのかもしれません。

「肯定的な自己否定」から、ただでさえ厳しい就活環境で自分程度の人間がほかの人と同じことをしていては内定までたどり着けるはずがないと思い、周囲の環境にも、情報にも振り回されることなく、自分なりのやり方で就活を進めようと決めました。
就活でも、うつ病になった時のように、自分を周囲の人と比べながら環境や情報に振り回され、就活を進めてしまうと、無力さや劣等感から自分自身の心を崩してしまうような気がして怖かったからです。

うつ病を患った時に自分の精神の繊細さや脆さ、精神が崩れた時の苦しさを痛いほど思い知らされました。自分の能力の低さも嫌というくらい知りました。だからこそ、自分と周囲の人、情報、環境と比べるのではなく、過去の自分と現在の自分を意識しながら就活をすることにしました。

「もしかしたら、卒業までに内定が決まらないかもしれない」

その結果も可能性の一つとして、就活が始まった時から受け入れていたことも良かったのかもしれません。

ぼくが就活で200社落ちた体験を話すと、「どうしたら、200社落ちても心を強く保っていられたの」と聞かれます。

決して心が強かったわけではありません。〝自分の弱さを知っていたこと〟と〝その弱さを受け入れていた〟から200社落ちても気にせず就活を進めることができたのです。

うつ病になった時は、〝周囲の人の視線〟や、〝周りの状況や環境〟などを気にしすぎたあまりに、状況は悪いほうへと進んでいきました。そうなってしまった時の苦しさは身をもって体験してきました。

〝自分と他人を比べないこと〟、**〝失敗の許容範囲を広げたこと〟**で心が乱れることとなく、落ち込むこともなく、ゲームのように就活を楽しみ続けることができたのだと思います。

ぼくの就活は、たまたま悪い年に当たりました。しかし、仮に就活状況が良くても、ぼくは同じ方法をとったでしょう。

就活に限ったことではなく、これから先も〝運に左右されること〟も〝理不尽な局面に立たされること〟も多いでしょう。それは仕方がないことで、自分ではどうしようもないことです。

また、このような状況になった時、だれかが助けてくれるとは限りません。おそらく、助けてもらえないことのほうが多いと思います。就活だってそうです。リーマンショック直後の就活がいい例で、みんなが苦しい立場になれば、企業も採用を絞らざるを得ないでしょう。ですが、就活をする学生の側からすれば、一生に一度の新卒というキップを持った就活です。仕方がないことは理解できていても理不尽さを感じたり、大きな不安を抱えてしまう人も多いと思います。

そんな状況になった時に、運や周囲の状況や環境に振り回されないためにも、周囲と競い、比べながら行動するのではなく、その状況に立った自分自身としっかりと向き合い考え、行動することが大切なのだと思います。

規格化された就活

「マニュアル化された就活生」こんな言葉を聞いたことはないでしょうか。

ぼく自身も就活をしていた当時から当事者としても、そのように思っていました。書店へ行けば就活のマニュアル本が大量に並び、就活生は同じような格好をして、似たようなことを話します。

そして、企業の説明会では似たような内容の話を聞き、面接では似たような質問をされます。

　就活生側も、企業側も、そのほとんどがマニュアル化されているように感じます。それが良いのか悪いのか、ぼくにはわかりません。

　ただ、その状況が少し可笑《おか》しく、少し奇妙に感じました。

　可笑しく、奇妙に感じてはいても、ぼくもマニュアルに沿った就活生を目指し、就活のマニュアル本などで準備をしようと試みました。

　ですが残念なことに、ぼくは就活マニュアル本を見て、「これは、ぼくにはできない」と思い、就活マニュアル本を使った就活から早々に脱落してしまいました。

　なので、ほかの就活生を観察し、その良い部分をマネしながら自分自身の就活技術を改善し就活を続けました。

　ですが、ぼくは内定をもらってから「自分も最終的には就活マニュアルの就活生に仕上がっていた」ことに気がつきました。

自分にはマネできないと挫折した就活マニュアルでしたが、それを実践していた就活生も多かったのでしょう。

ぼくは、そんな就活生を観察しながら参考にし、間接的に就活マニュアル本を実践して内定までたどり着いたのだと思います。現に内定をもらったころのぼくは、周りの就活生と同じような立ち居振る舞いや、それまで見てきた就活生のような行動が、上手にできるようになっていました。

そのことに気がついた時、「就活とは規格化された人形に、色のつけ方で変化を出す作業」なのだと感じました。

例えば、ある製造ラインで、人形を作っていたとします。まず型を抜いて基礎の形を作るのですが、この段階で規格から外れたものは不良品としてはじかれてしまいます。次は着色に入るのですが、ここでも着色の規格から外れたものは、はじかれてしまいます。また、着色の段階では、基本となる色の人形に加えて、いくつか色違いの人形も作られます。色違いは数が少ないので少しレアです。中にはオーダーメイドの人形も存在しますが、ごくまれで本当に希少です。

これらの人形の中で、最も高値で取り引きされるのは、やはりオーダーメイドの希少な人形で、次に色違いの人形、そしてその次が通常の人形という順番でしょう。

この人形たちが就活生で、人形の買い手が企業といった構図になっているような気がしています。

就活生という人形は、一定の規格から外れてしまうと次の工程（選考）には進めません。

だから就活生は、まずは規格から外れないように一生懸命に〝企業から求められているマニュアルにある規格〟に合わせる努力をします。

そして、工程（選考）が進んでいくと、うまく色（個性など）がついていない標準規格の就活生は、「どの就活生とも同じだ」、「ほかと同じモノはいらない」と企業から言われます。同じ人形がたくさんダブっても嬉しくないのと同じです。なので、就活生は選んでもらえる色（個性など）のつけ方を就活マニュアルで勉強します。

そして、最終的に同じような格好をして、同じような話をする就活生が大量生産されていくのだと感じています。

もちろん、就活生だったぼくも、その人形のうちの一つでした。しかも、あまり質の良くない人形でした。

そこから、就活生規格に合わせて、本音を消して、個性を消して、求められるであろう規格に合わせていき、内定をとれたことは何度か書いてきたとおりです。

何か違いがあったとすれば、ぼくはマニュアル本でなく、マニュアル化された就活生を見て自分の規格を調整していったことです。


しかし、これには疑問も感じています。本来は規格にあった人はいないはずで、それぞれがもっと個性的なのではないでしょうか。

でも、規格に合わせないと選考が先に進まず、内定がとれないから就活生は次々と規格化され同じような人間になっていくのではないでしょうか。

もちろん、すべての就活生やすべての企業がそうでないとは思います。

ただこれも、ぼくが1年間、２００社落ちの就活で見て、感じた一つの事実でした。企業の説明会で「自社だけ」と強調されている内容もだいたいが、どこか別の説明会で聞いていていたりします。面接でも同じような質問をされるので、ぼくがいつものように返答すると、その返答に対して、さらに決まった質問が返ってくることも少なくありませんでした。

面接が格段に増えていった就活後半戦では、どこまで予想どおりの展開で面接が進められるかを楽しめるほどパターン化されているような印象でした。

こんな就活の現象も、決まった一つの原因があるというよりも、様々な要因が複雑に絡み合った結果だとは思います。

そんな環境の中、企業も、就活生も、一生懸命に採用活動、就職活動をしているのでしょう。ですが、その結果として就活生は個性を消して規格化し、企業に求められているだろう色（個性など）を無理に出し、そして、それもどこかで無理が生じて企業と就活生のミスマッチとなり、問題点として表に出ているような気がします。そんな就活は少し虚しいような気もしています。

就活病という流行病

新卒就活でほとんどの人が同じように就職活動をする中で、ある種の流行病のような現象が起きているような気がします。仮にその流行病を〝就活病〟としておきましょう。

就活病の主な症状は、個人差こそありますが、不安感、焦燥感、倦怠感などがあげられるでしょうか。

実際に就活うつや、就活自殺なども問題になっていますから、就活病という表現もあながち間違ってはいないと思います。

ぼくは幸い就活病を発症しませんでしたが、就活うつや、就活自殺が起きていることも不思議ではありません。

ぼくが就活をしていた年の就活生も、それ以降の就活生も、就活生の多くはバブル崩壊以降の不景気しか知らない世代です。

幼いころから景気が悪いという情報ばかりが与えられてきました。そのような経済の悪い情報ばかりを見聞きして育ってきた世代です。就職氷河期で就職することすら難しい上に、就職できても入社した企業がどうなるかさえわかりません。

不安要素ばかりが目立ちますし、そんな情報ばかりを見聞きする状況下で就職や働くことに希望を持つほうが難しいことなのかもしれません。

そして、景気の不安要素、就活の不安要素などの情報ばかりの中で就活が続き、さらに思うように就活が進まなければ気が滅入り心身ともに追い込まれてしまうのもわかります。

こうして追い込まれてしまう人の傾向としては、いろいろな情報を真に受けてしまう素直な人や、一回一回の選考結果を真剣に受け止めてしまう人が多いような気がします。

こんな就活生に周りの人は、「そんなに深刻に受け止めなくても大丈夫」と言うかもしれません。ですが、本人からしたら本当に深刻な事態です。ぼくは、うつ病になった時がそうでした。

周囲から見れば些細なことでも、そうだと自分でわかっていても、本人の中で深刻な事態であることには変わりがありません。

ぼく自身もともとの性格は就活病に感染しやすい性格だと思います。

しかし、就活が始まる前に、うつ病を患い、それを克服していく中で、自分自身を守るための情報や環境に振り回されないための思考を組み立てられたため、どれだけ選考で落ちても平然と就活を楽しむことができました。

平然と楽しんでいると、周囲の就活病らしき就活生の存在はとても気になります。なんとなくですが、その気持ちや苦しさがわかるからこそ、他人事のようには感じられませんでした。だからといって何ができたわけでもありませんが、就活病が蔓延する今の就活環境には疑問を感じていました。

「なぜ、こんなにも社会や企業に振り回されているのか」、「ほかにもっと良い就職活動の方法はないのか」など就活をしながら、こんなことを考えていました。

その明確な答えはまだ見つかっていません。ですが、あのころから現在まで、頭の片隅では常に考えている疑問であり、その答えを見つけることは自分で課している課題でもあります。

なんのために就活をしているのか？

1年間という長かった就活の中で、とても印象的な1日がありました。それは、7月も終わりに近づいたころのことで、いつものように選考に向かうために家から駅までの道のりを歩いていました。その途中には公園があり、そこでは小学校低学年くらいの子供たちが遊んでいました。特に珍しい光景でもなかったので、気に留めず公園の横を通り電車で選考会場へ行きました。

この日は2社の選考があり、面接と、説明会といったスケジュールでした。面接はいつものように無難にこなし、次の説明会へ向かいます。会場に着き説明会が始まるまでは、隣に座っていた人と就活の近況等の話をしていました。

その就活生は、「本当は○○をしたかったけれど、今はとりあえず内定がとれればいい」と言っていました。その時の一言が、今でもとても印象に残っています。

あの時のぼくは、「本当にしたい○○」がわからず、それを探すために就活を続けていました。しかし、隣にいた就活生は目指していたものがあるのに、それを諦めてしまったようでした。その就活生が言った、その一言に、なんとも言えない感情を抱きました。

こんな、なんとも言えない感情を抱きつつ説明会は始まります。説明会が始まると、その企業の人事担当の方が仕事のやりがいや、その企業の良さを語っていました。これもよく見るいつもの光景ではありました。

そして、説明会も終わり、帰路の電車の中で1組のサラリーマンに目が留まりました。そのサラリーマンたちはとても疲れた様子で会社のグチを話しています。

説明会で聞いた仕事のやりがいの話と、目の前のサラリーマンとのギャップに違和感を覚え、また別のなんとも言えない感情を抱きました。

この時に同時に頭に思い浮かんだのが、朝の公園で見た小学生の様子でした。朝に公園で見た小学生とぼく、そして、ぼくとサラリーマンとの年齢差が同じくらいに見えたからです。

7歳～10歳くらいの小学生と22歳のぼく、22歳のぼくと30代後半くらいのサラリーマンで、それぞれ、15歳くらい離れているような感じでした。

この時に、目の前でグチを話しているサラリーマンに15年後の自分自身の姿が重なりました。15年後には、朝に公園で見た小学生くらいの年代の子供たちが就活を始めることでしょう。その時に就活生になった彼らが見るぼくの姿は、「あんな様子でグチをこぼしながら電車に揺られているのだろうな」と妙なリアリティを持って感じられました。

この日は長い就活期間の中でも特に印象的な１日でした。
・無邪気に遊ぶ小学生
・夢、目標を諦めてしまった就活生
・働くことの素晴らしさを語る企業の人事担当者
・電車で見た疲れ切ったサラリーマン
そして、未だにしたいことが見つからないまま就活を続ける自分自身。

「みんなは何のために就活をして、何のために働くのだろう」

その日に見た、いくつかの姿を思い出しながら、そんなことを考えました。この日を境に少しだけ自分の将来について、ほんの少し考えるようになりました。

「15年後の就活生に、どう見える大人になっていたらいいのだろう」

そんなことを頭の片隅では、考えるようになったのもこのころからです。

しかし、そんなことを考え、迷いながらも、ぼくは結局、目先の内定を目指すことしかできないまま内定までたどり着いてしまいました。

多くの人より長い期間をかけ、多くの企業を受けた、ぼくの就活でしたが、就活の中で感じた、いくつもの不思議や疑問は解決できないままに終わってしまいました。

安定の恐ろしさ

働き方というテーマを考える時、多くの人にとって切っても切り離せないワードが「安定」なのではないでしょうか。

景気が不安定な時ほど、仕事に安定を求める人も増えていくと思います。

ですが、そんな「安定した職」などあるのでしょうか。ぼくは、ないと思っています。

企業の平均寿命は約20年、設立から20年で約99%の企業が倒産するとも言われている昨今です。この数字だけを見るならば、だれもが一度は働いている会社の倒産を経験してもおかしくありません。もし、仮に倒産を経験しなかったとしても、リーマンショックの時のような突然の不景気でリストラにあってもおかしくはありません。

現時点で働いている企業が安定しているように見えても、明日はどうなるかわからない世の中だと思います。

だからこそ、本当に仕事や働き方に安定を求めるのなら、会社に安定を求めるのではなく、自分自身がどんな状態になっても大丈夫なように準備をしておくことが大切だと考えています。

これは、ある意味では、現在、安定していそうな企業に勤めている人のほうに言えることかもしれません。夢の豪華客船だったはずのタイタニック号だって氷山にぶつかれば一瞬で沈没してしまいます。安定している会社もタイタニック号のように少し舵取りを間違えばいつ沈没してもおかしくはありません。

日本の一流メーカーと言われてきた多くの企業が経営難に直面している現在の経済

状況は、まさに大きな船の舵取りの難かしさを物語っているような気がします。

もし、このように倒産やリストラなどになった時に、会社に文句を言っても、助けてくれることは少ないでしょう。沈んでいく会社だってギリギリですから、だれかを助けている余裕はないと思います。

たとえが少し過激ですが、これはすべての人にとって他人事ではないと思います。

もちろん、安定を求めて仕事を選ぶことも、安定を求めて働くことも悪いとは思いません。むしろ、安定していることは非常に大切だと思います。

しかし、**本当の意味での安定を求めるのなら、今の足場がしっかりしているうちに、余裕があるうちに準備をしておくことも大切**だと思うのです。

小さなことからすればいい

就活では２００社落ちて内定を獲得し、その内定を辞退して起業を目指して、そして現在、キャリア形成にも関わる仕事をしていて思うことは、就職も、起業も、それらは働き方の一つの選択肢に過ぎないということです。

どちらが良くて、どちらが悪いということはありません。

ただ、今の自分の仕事や働き方に疑問を感じているのなら、その疑問の答えや解決策を自問自答し続けること、その答えを見つけるための何かを始めてみることは大切だと思います。

こうして、何かを始める時に、いきなり大きなことをする必要はありません。小さなことからでも何か試してみれば、わかることだってあるかもしれません。

例えば、カウンセリングなどをしてみたければ、本などで勉強してみて知り合いにさせてもらってみればよいのです。

例えば、自分で店をやってみたければ、ネットオークションなどで、何かを売ってみればよいのです。
何がしたいかわからなくて悩んでいるのなら、とりあえず興味のあることを習ったり、勉強したり、試してみればよいのです。

とりあえず、やって試してみて思っていたのと違っていれば、やめてしまってもいいと思います。

いきなり大きなことをしようとしても、できない理由ばかりが目について、何も変わらないままに毎日を消費してしまうのなら、とりあえず試して何かを見つけたほうが、仮に失敗してしまったとしても生産性があるのではないでしょうか。

だれにでもできること

ぼくが内定辞退を決意した時は、何のあてもなく見切り発車の状態でした。先の目算も、うまくいく勝算も何もありませんでした。

なので「内定を辞退し、自分で何かをしよう」と決断してからは、資格の勉強や起業のことなど様々なことを学ぶようになりました。

いろいろなジャンルの本を読み、いろいろなセミナーにも参加するようになりました。

当時の自分には身の丈に合わないようなセミナーなどに参加してみたりもしました。バイトの時間を調整し、無理に時間を作って遠方のセミナーにも参加しました。

そんなことを続けているうちに、今まで以上に新しいことを知ることや、学ぶことが楽しくなっていきました。そして、現在でも興味のある範囲や勉強したいことは増える一方です。

範囲が広くなりすぎて、方向性を見失っているかもしれないと思うこともありますが、これまでに学び実践し、試行錯誤を繰り返してきたことが、一つの形になりつつあります。

ぼくは、学生時代に本当に些細なことからうつ病になりました。就活では200社以上の企業に「いらない」と言われました。

さらに自分に向いている仕事も、やりたいことも見つけられませんでした。幼少のころから現在でも、ぼくの中心にある感情は「劣等感」です。

そんな、ぼくでもわずかな疑問から目標を見つけ、その目標に向けて地味ながらも、少しずつ行動を続けてきたことで、それらも形になり始めました。

こんな、ぼくの姿が、経験や実績など、ないない尽くしでも、自分の目標を形にできるという、モデルケースになればと思っています。

だれかに、「あの人にできるなら、自分にもできるかもしれない」そう思ってもらえればこれほど嬉しいことはありません。

そして、これからも学ぶことを続け、コンサルティング、カウンセリングを続けることで、「だれもが活き活きと働ける社会を実現したい」と思っています。

ぼくにできることは、ほかのだれにでもできることです。これは自信を持って言うことができます。

もちろん、向かう方向も、その方法も人それぞれです。すぐに結果が出せる人も、ぼくのように時間がかかる人も様々だと思います。

それでも、**気づきさえすれば、始めさえすれば、続けさえすれば、「だれでも目標を見つけ、自分らしく活き活きとした働き方ができる」**。と、ぼくは信じています。

第6章　起業後のこと

起業を決めてからも起業をしてからも、いろいろな出来事がありました。最後の章では、起業後のエピソードを中心にお話ししたいと思います。

インプットとアウトプット

起業を目指し、内定を断ってから1年間は、起業のための準備や勉強に費やしました。

資格の勉強や読書、セミナー参加など、起業に向けて、自分が何をしたいのか、どんな分野で起業をするかなどを模索していた期間です。

このころは、最低限の生活ができるようにバイトをしつつ、バイト以外の時間のほとんどを学習にあてていました。

起業を目指した当初に考えていたのは、もともと興味のあった経営学を使って経営コンサルティングを中心にしようということです。

コンサルティングをしようと思い勉強を続ける中で、コーチングという手法があることも知りました。再び自分が、うつ病にならないように、心理カウンセリングの勉強のほか、様々なジャンルを学んでいきました。

さらに、それまでに学んできたことに加えて、就活で感じた疑問や違和感からキャリアコーディネーターとして、キャリア形成に関わる仕事も加えた事業をしたいと思うようにもなっていきました。

そして、そんな思いもあり、現在はキャリアコーディネーター、心理カウンセラーとして、コンサルティング、カウンセリングを中心にセミナーや講座などの開催などを行うようになりました。

内定辞退から起業までの1年間は言うなれば、とにかく「学びの1年間」でした。

この期間は資格の勉強や読書、セミナーなどからのインプット学習と同時に、それぞれの学びや、学びから気がついたことなどをアウトプットとしてブログへ書くなどしていました。

まだ、自分のやりたいことがはっきりしていたわけではなかったため、とにかく興味のあることを学び、気がついたことと、思ったことをまとめながらブログを書くようにしていました。

もともと、文章を書くことは大がつくほど苦手だったので、アウトプットとしてブログを書いていたこの時期も文章は苦手でした。文章もつたなく一貫性もまとまりもないブログでした。

ですが、このブログの向こうで読んでいる人を想像しながら書いていたことで、徐々に自分自身の方向性や、やりたいことも見えてきたような気がします。

おそらく、ただ「インプットの学び」を続けていても、何も見つからなかったと思います。どんな形であれ、アウトプットをしていたことで学びが自分の力になっていったのだと思います。

例えば何かを学ぶことは食事に似ていると思っています。

食事はただ気の向くまま食べ続けると余分な脂肪になってしまいます。ですが、食べて運動をすれば、体を支える筋肉になっていきます。逆に何も食べずに運動を続けると筋肉がつく以前にばてでしまうでしょう。

学ぶことも、これと同じで、考えることなく、ただ知識を詰め込んでいくと余分な脂肪のようになってしまうこともあるでしょう。ですが、知識を取り入れながら運動をするようにアウトプットなどを通して考えることを繰り返していけば、それは筋肉のように自分を支える力になってくれることでしょう。これもアウトプットばかりでインプットがなければ食事をせずに運動をした時のように、途中でばててしまうでしょう。

幸い、ぼくは、苦手ながらもブログで学んだことを書いていたことで、インプットとアウトプットの両立ができていたのだと思います。

インプットとアウトプット。もし、どちらか一方に偏っていたら、現在でもあのころのまま、前に進めていなかったかもしれません。

どんな形であれ、インプットとアウトプットのバランスをとっていくことが大切なのだと思っています。

事業開始と小さな一歩

開業届を出したのは大学を卒業してから1年後の2012年4月です。大学生のころから住んでいた京都で、キャリアカウンセリング、心理カウンセリングをメイン事業として開業しました。

ただ、開業届を出したとはいえ、事業自体からの収入はほぼなかったので、生活費はバイトでまかなっていました。

京都では1年間事業を続けましたが、この1年間で事業からの収入はほとんどありませんでした。手さぐりで事業を進めながら、相変わらず学ぶことと、ブログでのアウトプットを続けていました。これは、現在でも相変わらず続けています。

事業を始めても、右も左もわからない状態だったので、一つ一つが手さぐりで、とにかくすべてがチャレンジでした。

カウンセリング、コンサルティングなどは、参加したセミナーや講座の中で練習などもしてきましたが実践経験も少なかったため、知り合いに頼んでモニターになってもらい、意見や感想をもらいながら技術練習も繰り返していました。

はじめてセミナーを自主開催した時も自分がこれまで参加してきたセミナーなどを参考にしながら、これも手さぐりで作っていきました。

企画、準備をしたのはよいものの、なかなか集客が難しく、知人に頼んで参加してもらい初セミナーを開催しました。

お客さまは、知人のみでしたが、それでもとても緊張しましたし、自分でセミナーをしてみようと思ってからも、なかなか決心がつかずに準備も含めて行動に移すまでにはとても時間がかかっていました。

初開催のセミナー後、定期的にセミナーや講座を開催するようになりましたが、2回目以降はだいぶ気楽に開催ができるようになっていきました。

どんなことでも同じなのかもしれませんが、**一番難しいのは、はじめの一歩を踏み出すこと**なのだと思います。

はじめて何かにチャレンジする時は、すべてが未知で、成功も失敗も想像の範囲を出ることはありません。そんな中に飛び込むのはやはり勇気がいります。

ですが、いくら念入りに準備をしても、結果を予測しても、1回の本番には敵わないと思います。準備どおりにいかなかったり、予測したことが起きなかったり、反対に予想外のことが起きることもあります。初セミナーの開催では改めてそんなことを実感しました。

現在、はじめてのセミナー開催からは約1年半が経ちました。いまだに模索を続けています。慣れてきても予想外の良いことも悪いことも起こります。それは何回やっても変わらないのかもしれません。

だからこそ、常に挑戦と反省と改善を繰り返しながら、自分自身を少しずつでも前に進めてくことが大切なのだと思っています。

はじめにも書いていますが、京都での1年間は、事業からの収入はほとんどありません。

人によっては、「それは起業ではない」と言うと思います。ですが、現在のぼくの活動の基礎を作ったのは学びにあてた1年間と開業届を出して収入がほとんどなかった1年間だと思っています。

だから、だれがなんと言おうと、開業届を出した時から、ぼくは起業をしたのです。

起業というと難しく考える人が多いような気がします。ですが起業の基準も人それぞれでも、いいのではないでしょうか。

例えば、ぼくのように開業届を出したことを起業としてもいいかもしれません。開業届なんか出さなくても、好きなことを仕事にしようと決めて何かを始めた時を起業にしたっていいと思います。

起業にせよ、ほかのことにせよ、どんなことでも新しいことを始めることは、とても勇気が必要です。ただでさえ勇気が必要なことなのに、自分で自分のハードルを上げてしまえば、はじめの一歩すら踏み出さなくなってしまうような気がします。

なので、**できるだけはじめのハードルは下げて、それを越えるごとに徐々にハードルを上げていく**ことが大切なのではないでしょうか。

そうやって、少しずつ高くなるハードルを越えていくと、いつの間にか、とても高いハードルを越えられるようになっていくのだと思っています。

高いハードルを越えるのに必要なのは、小さくてもはじめの一歩を踏み出すことなのだと、ぼくは思います。

地方起業と不思議な発展

京都で事業を開始してから約1年後に、地元である長野県伊那市に拠点を移しました。

その理由はいくつもあるのですが、その中でも大きな理由は「似たことをしている人が少なかった」ことです。少なかったというよりも、時々、帰省するたびに思っていたのですが、若い人が起業することや、セミナーを開くこと自体が、あまり浸透していないように感じていました。

ほんの少し専門的な言葉を使うなら「まだ市場が開拓されていない地域」のように感じていました。そこに市場を開拓していくことに興味がでてきました。

おそらく、セミナーやカウンセリングなどをするなら、あのまま関西にいたほうがいろいろな意味でやり易かったと思います。

そこで、うまくいくかどうかはさておいて、周りに同じようなことをしている人が多ければ情報交換も容易ですし、自分自身の学びを深めるためにセミナーや講座に参加することも、それらが盛んな地域にいたほうが容易です。

実際、長野県に帰ってきてからもセミナーや講座に参加し学びは深めていますが、その時は、セミナーなどが多く開催されている東京や大阪などに出かけることになるので手間もお金もかかります。

それでも、市場のないところに新しい市場を作っていくことに興味があり、地元の長野県に帰り、そこで事業を続けることを決意しました。

もちろん、新しい市場を作ることは難しいことだとは思います。しかし、その難しさは新しいアイデアなどを考える楽しさでもあり、挑戦する楽しさでもあります。どうしたら自分が提供するサービスに興味を持ってもらえるか、どうしたら自分が目指す市場を作っていけるのかなどを模索しながら挑戦していくことは楽しいのです。この地元で市場を作ることもまだまだ道半ばですが、着々と活動の幅を広げられています。

正直に言えば長野県での活動はまだまだ形になっているとは言えません。カウンセリングやコンサルティングなども、依頼があるのは京都で事業を開始したころから続けているブログなどインターネットを経由したものがメインです。

ですが、地元、長野県で事業を始めてから、今この本を書くに至るまでの1年半くらいの間に大きな転機もたくさんありました。

順に挙げていくと、日本最大級の電話相談サービス「excite. 電話相談室」へ心理カウンセラーとして参加、電子書籍を執筆・発表、それをきっかけにして信濃毎日新聞（2014年5月8日）に取材記事の掲載、六本木ヒルズでの合同出版記念パーティーでのスピーチ参加、伊那商工会議所で創業セミナーのゲスト講師など。自主開催ではなく外から声がかかることも増えてきました。

この本の執筆も含め、少し前の自分からは、ほど遠いと思っていたことが、不思議なことに現実になりつつあります。

自分でも不思議なくらいに状況は変わりつつありますが、この間に、ぼくはものすごく特別なことをしたわけではありません。

大学卒業から現在まで、相変わらず資格試験などのいわゆる勉強や、本やセミナーなどを含めた〝学ぶ〟こと、そして、それをブログやメルマガ、ＳＮＳなどで発信していくことを続けているだけです。そして、ほんの少し思いついたアイデアを、とりあえずで実践してみているだけです。

ブログ・メルマガでさえ、毎日きちんと継続できているわけではありません。ほぼ毎日、書けている時もあれば、数カ月空いてしまう時期もあります。

セミナーや講座も開催していますが、こちらもほかの活動との兼ね合いから不定期になりがちです。

現在はすべての作業と活動を１人で進めているので、どうしても手が回らなくなることもあり、なかなか理想どおりにはなりません。

ですが、一つ一つのことに挑戦するたびに経験値は蓄えられていると思います。セミナー・講座、カウンセリング・コンサルティングの集客やチラシの作成、名刺の作成やブログ、メルマガなど一回一回取り組むごとに発見と反省があり、一つ一つが経験値になっています。それは、本当にわずかな経験値ですが着々と増えているような気がします。

こんな**小さな積み重ねが大きく活動の幅を広げていってくれている**のだと感じています。

テレビゲームとチャンスの関係

テレビゲームなどでキャラクターのレベルを上げていくゲームを想像してみてください。あのゲームの中に出てくるキャラクターは経験値を与えただけではレベルもステータスも変わりません。経験値を溜めていき、その経験値が一定の値に達した時に初めてレベルが上がり、ステータスも上がります。その時、さらに一定のレベルに達していれば新しい技を覚えたりもします。

先程、就活をゲームにたとえたのと同じです。おそらく、ぼくらが経験することの多くはこのゲームと似たような仕組みを持っているのだと思います。いくらたくさんの経験値を集めても、一定の値まで経験値が溜まらなければ自分のレベルも、ステータスも上がることがありません。いくら努力をしても、工夫をしても変化を感じられないこともあるでしょう。ですが、レベルが上がった瞬間に急に変化が訪れるのです。レベルが上がるまでの経験値集めは本当に地味なものだと思います。

ぼく自身の話で言っても、これまでしてきたことは特別なことではなく、地味に勉強を続け、地味に事業をより良く動かすための試行錯誤をして、地味に発信してきただけです。

こんな地味な経験値集めを、地味に続けた結果、時々、レベルが上がり先に挙げたような大きな転機になり得る出来事につながっていったのです。

ここまで書いてきたように、ぼくは特別なことはしていません。だれでもできることを地道に続けているだけです。

ですが、同じように勉強をしたり、セミナーに参加するなどして、それを発信したりしているけれど、なかなかうまくいかないという人もいるかもしれません。

では、なぜぼくにチャンスが回ってきたのか。それは偶然だったのかもしれません。

ただ、**一つだけ言えるのは、チャンスが来るまで、やめなかったこと**だと思います。

ぶれること、迷走することもありましたが、自分なりの目的を持ち続けてきたからこそ、チャンスに巡り合えたのだと思っています。

そして、チャンスが来たと感じたら、とりあえず挑戦するという姿勢でいたことで、それぞれのチャンスが活きたのだと思っています。

チャンスが来たと感じる時は、不安もあります。チャンスに挑むということは、ある意味で未知への挑戦でもありますから。

さらに言えば、それが本当にチャンスだという保証なんてまったくありません。その裏には大きなリスクが潜んでいることもあるかもしれません。

そんなものに挑戦するのは不安ですし、躊躇もします。それでも、自分に必要だと思えば、積極的に挑戦していくことも大切だと思います。

もちろん、ただやみくもに挑戦するのではなく、チャンスの活かし方や、リスクへの対策は考えながら、しっかりとチャンスと向き合うことで、仮にその挑戦が失敗しても、そこから得られる経験値も大きいと思うのです。

挑戦から学び、成功から学び、失敗から学ぶ。このすべてのことから学ぶ姿勢は常に忘れずにいたいと思っています。

大切なことは種をまくこと

現在、メインで取り組んでいるキャリアコンサルティング、心理カウンセリングをはじめ、様々なことに取り組んでいると、「何をしている人ですか」と聞かれることがあります。

先にも書いたように活動のメインは、キャリアコンサルティング、心理カウンセリングなので、そのように答えています。

この本を書いている現在も、「うつ病を克服した心理カウンセラー」、「就活200社落ちを経験したキャリアコーディネーター」として書いています。

だからと言って、5年先、10年先も同じようにキャリアコーディネーターや心理カウンセラーがメインかと聞かれると、自分でもそれはわかりません。
もちろん、現在のキャリアコーディネーターの仕事も心理カウンセラーの仕事も、やりがいも楽しさもあるので続けていきたいとは思っています。

ですが、ほかにも興味のあることも、やりたいこともたくさんあります。たくさんあるので、興味のあることは積極的に勉強をしていますし、それをどうやって仕事にしたら面白そうかもよく考えています。

どんなことでも仕事にしようと思ったら大変なことです。ですが、大変だからと言って何もしなければ絶対にできません。それは、種をまかなければ絶対に芽が出ないのと同じように、キャリアに関することも、心理学も、もともとは趣味の範囲で学び始めたことでした。先にも書いたようにはじめに事業にしようと考えていたのは経営コンサルティングです。

そこから興味がキャリアや心理学に広がり趣味の範囲で勉強を続けながら仕事にできないかを考えているうちに、こちらのほうが先に芽が出て現在の仕事につながっています。

今でも経営学には興味はあるので、しっかりと勉強をしながら、こちらの種も育てています。ほかにも興味のあることはたくさんあります。

芽が育ち始めたキャリアや心理も、まだ芽が出ていないたくさんの興味の種も大切に育てていこうと思います。

その種や芽から大きな花を咲かせるものがあるかもしれませんから。

あとがき

「自分らしく働く」とは、どういうことなのか。これは、ぼく自身、今でも答えの出ていないテーマです。

この本では、ぼく自身の考える「働き方」をまとめたつもりです。ですが、書き進めるたびに何が良いのかがわからなくなっていきます。

キャリアカウンセリングや心理カウンセリングを行っていても、多種多様な考えがあることを改めて感じさせられ、何が良くて悪いのか、その正しさの基準もわからなくなっていきます。

ただ、多くの人が、自分自身の働き方、生き方に悩んでいることだけは事実です。ぼく自身もキャリアに関わる仕事をしながらも、自分の「働き方」には悩み続けています。

もしかしたら、この悩みはなくならないのかもしれません。どれだけ自分の好きな道に進めていても、自分で決めたことだったとしても、どこかに迷いや悩みは生まれるのだと思います。それはそれで、いいのだと思います。

悩み、迷うから考えます。考えるから、また悩みます。この繰り返しの中で何か大切なことに気がついていくのだと思いうのです。

だからこそ、自分自身のことも、人のことも決めつけずに常に前進し挑戦し続けることが大切なのではないでしょうか。

この本も、ぼくにとっての大きな挑戦でした。この本は、自著の電子書籍「うつ病、就活200社落ち。なので、ぼくは起業しました。」をもとに再編集しました。この電子書籍は発表の際に信濃毎日新聞でも大きく取り上げていただき、共感や感謝のメールも多くいただきました。それなら、より多くの人の手に取りやすい形にと思い、紙の本での出版を考えるようになりました。

もともとは電子書籍のまま、手直しをして出版するつもりでしたが、最終的には半分以上は書き下ろし、書き下ろし分と同じくらいを削って内容を再編集しました。その結果、大きなテーマは同じですが別の本になりました。

新しく書き下ろした部分が、どう人に伝わるのか。削った部分を本当に必要としている人がいるのではないか。

そんなことに悩み、迷いながら完成させました。いくら読み返しても、本当にこれで良かったのかはわかりません。

もっと良い書き方、伝え方ができたのではないか。伝え残したことはないのか。そんなことを考えてしまいます。

ただ、本文の中にも書いたように、この本の良し悪しを決めるのは、ぼくではなく読んでいただいた、あなたです。そう思ってこの本を書き上げました。

もし、この本の中の1ページでも1行でも、明日からの、あなたにとって、何か役に立てれば、これほど嬉しいことはありません。

最後に、これは、ぼくから、あなたへの要望なのですが、「これからも自分らしい働き方」は模索し続けてほしいと思っています。

「自分らしい働き方」これは答えのない問いかもしれません。ですが、探さなければ見つかることは絶対にありません。

ほんの少し前まで、ぼくは自分が本を出すなんて思ってもいませんでした。いつか出したいとは思っていましたが、ずっと先のことだと考えていました。そんなぼくが本を出せたのも、本を出す方法を考えてチャレンジしてみたからです。

余計なお世話かもしれませんが、この本との出会いが、自分らしい働き方を探すきっかけになればと思っています。

何かを見つけるヒントは意外と近くにあるものなのです。

北原竜也

著者プロフィール

北原 竜也（きたはら たつや）

長野県伊那市生まれ。
大学在学中に些細なきっかけで、うつ病を患い、８カ月間の闘病生活の末に克服する。新卒就活では、自分自身の軸が定まらないまま就活を続け、200社以上の企業に落ちた後、内定を獲得する。しかし、就活を通して自分自身の夢・目標に気づいたため、内定を辞退して起業をすることを決める。
その後、経営理論やコンサルティング、カウンセリング、コーチングなどを学び、Knowledge Connect（ナレッジコネクト）を創業。現在は自身の“うつ病”、“就活200社落ち”の経験を活かしたカウンセリング・コンサルティングなどのセミナーや講演活動などを行っている。

【公式ホームページ】 http://www.knowledgeconnect.net/

うつ病、就活200社落ち。なので、ぼくは起業しました。

2015年１月15日　初版第１刷発行

著　者　北原 竜也
発行者　瓜谷 綱延
発行所　株式会社文芸社
〒160-0022　東京都新宿区新宿１－10－１
電話　03-5369-3060（編集）
03-5369-2299（販売）

印刷所　株式会社フクイン

ISBN978-4-286-15855-6